MARIE COLOMBIER

LE VOYAGE
DE
SARAH BERNHARDT
EN AMÉRIQUE

OUVRAGE ILLUSTRÉ

DE SON PORTRAIT DESSINÉ PAR ELLE-MÊME

D'un Portrait de l'auteur par Ed. MANET

ET DE QUARANTE FAC-SIMILE DE CARICATURES AMÉRICAINES

PRÉFACE PAR ARSÈNE HOUSSAYE

PARIS
MAURICE DREYFOUS, ÉDITEUR
13, RUE DU FAUBOURG-MONTMARTRE, 13

LE VOYAGE
DE
SARAH BERNHARDT
EN AMÉRIQUE

F. AUREAU. — IMPRIMERIE DE LAGNY.

MARIE COLOMBIER

LE VOYAGE
DE
SARAH BERNHARDT
EN AMÉRIQUE

Ouvrage illustré de son Portrait par elle-même

D'UN PORTRAIT DE L'AUTEUR

Par Édouard **MANET**

ET D'UN GRAND NOMBRE DE FAC-SIMILE DE CARICATURES AMÉRICAINES

Avec Préface par Arsène HOUSSAYE

PARIS
MAURICE DREYFOUS, ÉDITEUR
13, rue du Faubourg-Montmartre, 13

Tous droits réservés

AU JOURNAL LE HENRI IV

A son Directeur qui m'a inventée,

A ses Rédacteurs qui m'ont accueillie, encouragée, revue et corrigée,

Je dédie ces notes de voyage avec reconnaissance.

MARIE COLOMBIER.

PRÉFACE

Marie Colombier a cela de beau qu'elle ne pratique pas les mathématiques pour son esprit pas plus que pour son argent. Au commencement de ma vie j'ai écrit sur le sable cette maxime qui serait inscrite parmi celles des sages de la Grèce, si j'avais vécu deux mille ans plus tôt : « Il est des gens qui vivent pauvres, pour mourir riches; il est bien plus logique de mourir pauvre et de vivre riche. » Marie Colombier jette à tous propos par la fenêtre son esprit et son argent. Elle a traversé toutes les aventures, on pourrait dire toutes les fortunes, sans arriver à être millionnaire comme tant de comédiennes qui ont leur hôtel sur le pavé de Paris. Pas si bête ! Si elle avait un hôtel, elle serait obligée d'y vivre, et alors, adieu les belles équipées ! Sa vie serait réglée comme un papier de musique; elle ne déchirerait pas tous les six mois ses engagements dans les théâtres; elle jouerait bien sagement la comédie du Théâtre-Français ou elle odéonerait à l'Odéon. Elle aime bien mieux vivre au jour le jour, selon les jeux de l'amour et du hasard. Savoir son chemin c'est presque la fortune, ne pas connaître demain c'est la bonne fortune. Il n'y a pas au monde de meilleur compagnon que l'imprévu, voilà pourquoi Marie Colombier a couru le nouveau monde avec son amie Sarah Bernhardt.

Quand je dis son amie, je veux dire son ennemie; deux femmes aussi turbulentes ne peuvent pas vivre ensemble dans les douceurs passives de l'amitié. Elles aiment trop les orages, pour ne pas se jeter la foudre à la face l'une de l'autre. Heureusement qu'il y a des arcs-en-ciel.

Je les ai connues toutes les deux pendant l'orage et sous l'arc-en-ciel, toujours charmantes, même dans leurs colères, à ce point que j'avais toutes les peines du monde à croire qu'elles s'embrassaient pour tout de bon. Elles n'avaient rien à elles, pas même leurs amoureux, se prenant celui-ci, se reprenant celui-là avec l'adorable désinvolture des inconscientes qui jouent une partie de cœur, comme on joue une partie de cartes.

Il y a un quart de siècle, mademoiselle Rachel, la fille d'Eschyle, s'embarquait aussi comme Sarah pour l'Amérique, d'où elle revenait avec des couronnes d'or et un million en bank-notes. Autre temps, mêmes chiffres ! Car c'est aussi avec un million que nous est revenue Sarah Bernhardt. Mais qu'est-ce qu'un million, aujourd'hui ? Un déjeuner de soleil ! Un souper de comédiennes !

On s'étonnait alors que mademoiselle Rachel osât dépenser cent mille francs pour son petit hôtel dont M. Achille Fould payait l'escalier, dont M. le comte Walewski payait les cheminées, dont Napoléon III payait l'imprévu. Voilà les vraies adorations et les vraies admirations : celles qui payent argent comptant. Les femmes n'aiment pas les enthousiastes platoniques, — ce sont les hommes qui ont inventé le mot.

Aujourd'hui mademoiselle Sarah Bernhardt dépense 500 mille francs pour son hôtel et on trouve cela tout naturel. Hop ! Hop ! Hop ! Ce n'est pas la mort qui va vite, c'est l'argent. L'argent ! c'est donc pour l'argent que l'illustre tragédienne et la célèbre comédienne sont parties pour l'Amérique à vingt-cinq ans de distance. Prenez garde, mesdames, le grand art n'aime pas ces pérégrinations romanesques. Qu'est-ce qu'un public d'occasion, qui ne comprend rien ni à votre langue, ni à votre génie ? L'éléphant marchant sur des bouteilles au Cirque de l'Impératrice ferait bien mieux son affaire. Qu'est-ce que cela Hermione ou Phèdre ? Dona Sol ou la Dame au Camélias ? Le véritable million pour les actrices françaises, ce sont les battements de mains des Français. Ces grandes turbulentes, pareilles aux conquérants, s'imaginent qu'elles n'ont qu'à paraître pour vaincre, pour planter au bout du monde le drapeau de l'art français ! Mais comme il leur faut en découdre ! C'est en vain qu'elles jettent feu et flammes dans le public *extra muros*, un public affairé et distrait qui ne vient là que pour dire : « J'y suis allé, » qui n'est pas initié aux chefs-d'œuvre, qui ne comprend ni un froncement de sourcil, ni un mouvement de lèvres, ni une attitude ; qui ne voit ni le battement de cœur ni l'éclair des yeux.

Si j'étais un donneur de conseils, je dirais à mademoiselle Sarah Bernhardt ce que je devrais dire à moi-même : « A quoi bon ce luxe qui vous prend votre temps et votre argent ? Laissez cela à ceux qui sont condamnés à être riches, les pauvres gens ! Le luxe de l'art n'est-il pas plus beau mille fois, car il porte avec lui toutes les nobles fiertés, même s'il est mal vêtu, même s'il habite un cinquième étage, même s'il monte en tramways ! » Victor Hugo qui s'est laissé prendre lui aussi à la folie des ameublements, a du moins banni de sa vie les hôtels, les carrosses, les chevaux, les laquais, tout ce qui nous emprisonne dans la vie.

Un ancien philosophe a dit : « Nous nous ruinons, ou nous ruinons notre vie pour les yeux des autres. » Retournons à la sagesse antique, n'oublions jamais que ce qui est beau et bon ne coûte rien : une mère, une femme, un enfant. L'amour, les violons et les roses ne coûtent pas bien cher non plus. Tout le reste est pour rien, le ciel étoilé, l'adorable nature, les musées et les bibliothèques.

Mais aujourd'hui tout le monde veut avoir sa bibliothèque et son musée. C'est assez prêché dans le désert. Sarah Bernardt me donnera tort en continuant son tour du monde et en me disant sans doute avec quelque raison : « Celle qui a eu tort, c'est la *Comédie-Française.* » Quand on a Sarah Bernhardt chez soi, on la retient dans des chaînes d'or. C'est vainement qu'on s'imagine remplacer l'oiseau envolé en ouvrant la cage à un autre oiseau. Ce n'est plus la même chanson. On ne retrouve pas une Rachel, on ne retrouve même pas une Sarah Bernardt. Or, le *Théâtre-Français* est assez riche pour nous payer une telle artiste, quand elle existe.

Voilà pourquoi Napoléon III avait raison d'imposer la rentrée de mademoiselle Rachel. Voilà pourquoi Gambetta Ier, quand il sera empereur, imposera à son tour mademoiselle Sarah Bernhardt à la grande joie du parterre du *Théâtre-Français,* — ce parterre de rois ! Demandez par exemple à ce fin connaisseur qui s'appelle Canrobert, lui qui a connu mademoiselle Rachel, si depuis le départ de Sarah Bernhardt il a jamais retrouvé les belles émotions du drame et de la tragédie ? Où es-tu Phèdre ? où es-tu Dona Sol ? Il n'y a que les ignorants qui se contentent des copies; mais le simple public lui-même n'a pas éprouvé depuis longtemps ce violent coup dans le cœur que donne le génie dramatique, côté des femmes.

Mademoiselle Marie Colombier le sait bien aussi, elle qui a remporté au Conservatoire un grand prix de tragédie comme un grand prix de comédie. Aussi Sarah Bernhardt ne pouvait pas avoir de meilleur historiographe pendant son voyage pour les récits de cette odyssée à nulle autre pareille, où l'imprévu joue un si grand rôle.

La moralité : c'est que l'Amérique est un beau pays vu de loin, et que Sarah et Colombier sont bien heureuses d'en être revenues. Et moi aussi qui n'y suis pas allé ! J'ai pensé avec terreur qu'au temps de mon roman les *Grandes Dames*, on m'avait appelé là-bas pour y faire des conférences sur les Parisiennes. Quand je lis les pages de l'historiographe, qui est quelquefois l'historiogriphe, je bénis les dieux de n'avoir pas traversé l'Océan. Il faut aller en Amérique en dilettante et non en virtuose.

Marie Colombier, s'est révélée tout d'un coup, une plumitive de bonne lignée. De la gaieté, de l'esprit, le mot attendu et inattendu, un tour de phrase qui ne chôme pas, une période luxuriante à robes courtes, très courtes, — des robes à queue très légères, — une poussière d'or sur tout cela : voilà son style. Toute souriante qu'elle soit, elle a du mordant jusqu'à emporter la pièce. Elle aime les peintres, ce qui ne m'étonne pas, car elle portraiture avec une vraie palette. Elle dit qu'elle ne fait pas sa figure; mais elle fait bien celle des autres, témoins ses portraits d'actrices, toute une petite galerie d'ébauches radieuses dont je détache celle-ci : le portrait de Massin.

« LÉONTINE MASSIN. Léo dans l'intimité. Oiseau de
» passage. A pris son vol, à quinze ans, du côté de
» l'Orient. Nana choisie par Busnach. Vraie Musette,
» rire et larmes tout à la fois. Pour loi : Son bon
» plaisir. Prodiguant son esprit en monnaie son-
» nante. N'a mis de côté que des dettes. Aime mieux
» s'amuser que s'enrichir. Cœur sur la main : la main
» ouverte. »

N'est-ce pas que tout y est en quelques traits. Eh bien, le voyage d'Amérique est plein de ces choses-là. A chaque instant on voudrait découper un alinéa, soit sur les naturels du pays, soit sur les villes, soit sur les paysages, soit sur les figures de la caravane qui marche entre ces deux Parisiennes bruyantes et glorieuses, dirait Destouches.

C'est le roman comique en Amérique, non pas aussi adorablement romanesque que celui de Scarron qui est le roman comique de l'ancien monde, mais enfin c'est le roman comique du nouveau monde.

On dit que le nouveau monde n'a pas d'histoire ; il

n'a encore d'autre roman que le flirtage. L'Américain a le génie de l'argent et de l'invention, il fait jaillir l'or de ses montagnes et de ses torrents, il improvise des villes, il a le sentiment de la famille, il se paye le luxe des enfants, et il les fait bien et il les fait beaux, mais il n'a pas le temps de s'attarder aux passions de l'amour. Aussi beaucoup d'Américains voyagent et trouvent qu'il y a encore du bon dans le vieux monde. L'idéal n'est pas dans un pays où domine l'abîme du schoking.

Par exemple, croiriez-vous ceci à Paris?

Le tableaumane James Stebbins donne une fête aux Champs-Elysées, il se tient pour très honoré que mademoiselle Sarah Bernhardt veuille bien jouer la comédie chez lui. En Amérique, elle va frapper à sa porte, mais il ne lui permet pas de franchir son seuil. « Mais monsieur, à Paris, je ne suis allée chez vous que parce que vous êtes venu me prier dix fois de jouer le *Passant* dans votre salon, maintenant que je passe en Amérique, vous ne voulez pas me recevoir. — Ah! mademoiselle, nous ne sommes plus à Paris! nous sommes à New-York. »

C'est ainsi que Dona Sol fut victime de l'odieux schoking.

Décidément il y a un océan entre les deux mondes.

ARSÈNE HOUSSAYE.

LE VOYAGE

DE

SARAH BERNHARDT

EN AMÉRIQUE

CHAPITRE PREMIER

Paris, le Havre et New-York. — Je pars et j'arrive. — Le mal de mer. — Découverte de l'Amérique.

Le jeudi 14 octobre dernier, j'étais bien tranquille chez moi, sur ma chaise longue, devant mon feu, quand Sarah m'envoie sa fidèle Guérard pour me dire de passer bien vite à l'hôtel de l'avenue de Villiers.

On ne m'y avait pas vue pendant de longs mois, à la suite de je ne sais quelle brouille avec Sarah.

Mais les journaux, depuis plusieurs semaines, ne tarissaient pas en détails sur sa prochaine tournée d'Amérique, et j'avais lu que la « grande artiste » s'embarquait le samedi suivant, dans deux jours.

Je ne pus résister à la tentation d'aller embrasser mon ancienne camarade, en lui portant mes souhaits de bon voyage.

Le lendemain, de bon matin, j'arrive à la rue Fortuny.

Du plus loin qu'elle me voit, Sarah court à moi et, m'embrassant :

— Te voilà, ma chérie !... Très bien !... Dépêche-toi de faire tes malles. Tu pars avec moi ?...

— Où cela ?

— En Amérique.

Je la regarde :

— Tu es folle ?

— Non, non. Je t'emmène... Oh ! ne refuse pas... Il n'y a que toi qui puisses me rendre ce service.... Et je sais que tu m'aimes toujours, malgré les cancans...

— Mais enfin, qu'est-ce qui t'arrive ?

— Jeannette, ma sœur est malade. Les médecins ne veulent pas la laisser partir. Il faut que tu viennes.

— En Amérique ?

— Dame ! Pas à Chatou bien sûr.

— Encore faut-il le temps de se préparer... On ne va pas comme ça dans l'autre monde...

— Eh bien, nous irons comme ça ! Je n'ai qu'un jour à te donner, pas une heure de plus. Il faut, tu m'entends, il faut que je fasse cette affaire... Tout de suite... Huit jours d'attente, et ce serait trop tard !... Ainsi, arrange-toi...

— Mais, c'est impossible. Tu n'y songes pas... Quitter ma maison... mes amis. Et puis les rôles ? je ne les sais pas.

— Tu les apprendras en route... Je connais ta mémoire... Il faut faire ce tour de force pour me tirer d'embarras...

— Bien ! Mais les costumes?

— Tu vas les commander tout de suite. Ils nous rattraperont... Allons, c'est convenu. Je télégraphie à New-York que tu acceptes... Et maintenant cours vite, dépêche-toi.

Moi, sans plus réfléchir, j'obéis à la charmeuse.

— Eh bien, oui... je vais.

Séance tenante, Sarah adresse à son impresario d'Amérique la dépêche suivante :

« Sœur Jeanne malade, ne peut partir. Voyant mon désespoir, Marie Colombier consent à venir.
— Sarah B. »

Vingt-quatre heures pour organiser mon départ. On me croira sans peine si je dis que le lendemain à midi, c'est-à-dire soixante minutes avant l'heure du train pour le Havre, où nous devions passer le dernier jour dans la campagne de Sarah, j'avais encore des courses pour une grande semaine.

Il fut convenu que je prendrais seule le train du soir, ce qui ne m'empêcha pas d'accompagner Sarah à la gare.

Depuis longtemps déjà la foule des curieux, des amis, des simples voyageurs et plusieurs reporters des journaux boulevardiers attendent autour d'une montagne de malles énormes, en tout vingt-huit colis monstrueux, qui forment l'arsenal complet des costumes, robes, etc., indispensables à l'artiste et à la femme, pour jouer à la scène... et à la ville, la comédie classique et mondaine.

Dans le clan des intimes, je reconnais Busnach, Clairin, Saintin, Duquesnel. L. Abbéma, venus faire escorte à Sarah que Paris va perdre pour six longs mois.

Midi moins cinq ! Tout le monde se porte vers le train où Sarah et les siens prennent possession d'un wagon réservé.

« En voiture ! » Ceux qui restent, quêtent une dernière poignée de main à la portière « Bon voyage ! » crient plusieurs voix.

A ce moment, Sarah passe sa tête à la portière : « Tu sais, Marie, que je t'attends ce soir, ne vas pas manquer le train surtout. Je vous la recommande, crie-t-elle à ceux qui m'accompagnent. » Le train est déjà loin.

A onze heures du soir, j'étais à Sainte-Adresse, sonnant à la grille du futur chalet de Dona Sol, composé pour l'instant d'un modeste pavillon de garde.

C'est là que je reçois l'hospitalité de nuit dans le campement provisoire dressé pour abriter Sarah et sa « maison ».

Nous devisons joyeusement jusqu'au matin, parcourant à la file tous les beaux châteaux... en Amérique dont l'imagination de Sarah nous ouvre les portes d'or.

Le jour nous surprend dans ces rêveries de dormeuses éveillées, le grand jour. De la fenêtre de ma chambre, par-dessus la falaise de la Hève, je vois la moire de la mer qui brille au soleil levant.

C'est là-bas, là-bas, derrière l'horizon que nous serons ce soir à pareille heure. Tout cela est-il bien possible ?

Est-ce vrai que nous allons quitter non pas Paris seulement, cette fois, mais la terre ferme, la France ?

Je commence à le croire lorsque, à huit heures et demie, nous montons, Sarah et moi, la passerelle qui nous conduit à bord du steamer de la Compagnie transatlantique *l'Amérique.*

Voilà un nom du circonstance ! C'est sans doute pour ne pas manquer cet à-propos qu'on a prolongé d'un voyage supplémentaire le service de ce bateau qui avait bien gagné son tour de réparation.

Les amis de Paris sont au complet. Voici l'heure des adieux, des embrassades, des dernières recommandations et commissions.

Sarah embrasse son fils : « Tu seras bien sage, et tu m'écriras surtout. » Et Maurice doucement : « Oui, maman ! »

On enlève les échelles, la dernière passerelle derrière les amis redescendus à terre. Seul, un reporter parisien reste avec nous et ne nous quittera qu'en rade en même temps que le pilote.

On va desserrer les câbles énormes qui nous amarrent au quai. Mais voici des retardaires oubliés, une demi-douzaine de magnifiques têtes de veau fraîchement abattues et destinées à notre table du bord. Pour une minute, on replace une passerelle et à la fois, du bateau et du quai, les hommes saluent comme il convient l'entrée de ces belles têtes. L'incident ne contribue pas peu à renforcer la petite émotion du départ.

Un coup de sifflet. Un autre. Nous marchons, on

dirait. C'est bien cela. Lentement, nous avançons sous un soleil radieux. Les portes des bassins s'ouvrent. Nous traversons l'avant-port. Voici les jetées et la petite tour du phare qui passent devant nous. Nous avons quitté la France.

Du haut de la passerelle du commandant où nous sommes montés, Sarah, boutonnée dans un grand manteau et toute fleurie de lilas blancs, agite son mouchoir à l'adresse des deux douzaines d'amis et de flâneurs qu'on aperçoit le long du parapet.

Dona Sol est d'une gaieté nerveuse. Elle rit, cause, plaisante bruyamment. On dirait que ce départ la soulage de quelque préoccupation intime. Elle semble défier tous les obstacles qui pourraient se dresser entre elle et ce voyage...

Sa gaieté tombe, tout à coup. Elle nous quitte brusquement et court s'enfermer dans sa cabine, afin sans doute de donner libre cours à son émotion...

Nous restons sur le pont à admirer le spectacle nouveau de la mer.

A perte de vue l'Océan est calme et superbe. On se croirait sur le lac du Bois. Involontairement je cherche les cygnes. Hélas ! quand les reverrai-je, le bois et le lac ?

C'est égal, si l'on avait pareil temps jusqu'à New-York ce serait charmant de voyager ainsi !

Tout à coup la machine s'arrête. Nous sommes en grande rade. On attend la barque du pilote qui devrait être arrivée déjà avec les dernières dépêches. Le commandant fouille l'horizon de sa lorgnette.

Un quart d'heure, une demi-heure, une heure s'écoulent. Ah ! enfin, la voilà, cette barque. Elle s'approche et nous accoste.

Un quart d'heure, une demi-heure. Nous sommes toujours là immobiles. Le commandant fouille avec la même ardeur. Que cherche-t-il ? Qu'attend-il ? Que signifient ces retards mystérieux ?

Inquiet de ces délais, le reporter parisien se lamente d'un ton comique : « Mais je ne vais pas à New-York, moi. J'ai affaire à Paris et du monde à dîner ce soir. Il faut que je parte ! Il me semble qu'on ne se hâte pas de me ramener à terre. Est-ce qu'on m'oublie ? Avec cela qu'il n'y a pas de station d'ici New-York ! »

Après deux heures d'arrêt et comme de guerre lasse, le commandant envoie dire au journaliste que la barque de retour va s'éloigner.

Le pilote s'y installe d'abord, puis le reporter envoyant des baisers et agitant son mouchoir. Tiens ! Quel est ce troisième personnage à la tournure de valet de chambre qui s'avance vers l'escalier extérieur ?

Il va droit au commandant, lui parle bas un moment, et saute dans la barque.

Eh bien, et cette femme à présent qui se détache du groupe des passagers et marche vers l'échelle ?

Un monsieur se place dans son chemin, et lui dit quelques mots qu'elle semble ne pas entendre. Elle est déjà au bas de l'escalier. La voilà dans la barque. Celle-ci s'éloigne à toutes rames vers la terre, et nous à toute vapeur du côté de la haute mer. Quelques instants plus tard, elle disparaît à l'horizon.

On vient de me donner la clef de ces énigmes.

Sans le savoir nous venons d'assister à une scène de comédie conjugale et transatlantique.

Certain industriel franco-américain de New-York, — mettons qu'il vend du chocolat, — est en puissance de femmes, au pluriel. Il y a la légitime et l'*autre*.

Les mois d'été sont tristes à New-York, gais à Trouville ou Chamounix, surtout en compagnie de *l'autre*. Au comptoir de New-York reste d'ordinaire la chocolatière, attendant, patiente, le retour du patron.

Mais un beau matin, lasse du nouveau monde, la légitime prend le bateau et vient surveiller à

Paris son infidèle dont les mœurs mormonnes ont été trahies par un faux ami. Il s'agit de constater la « conversation criminelle ». Le tête-à-tête de la traversée de retour est une occasion faite exprès.

Mais le bon génie du chocolat protège le coupable. Juste au moment où il allait mettre le pied sur le bateau-traquenard, une lettre a révélé le danger à notre homme qui, sans perdre la tête ou dire un mot, a laissé sa compagne s'installer à bord avec son domestique, et s'est éclipsé sous un prétexte. Le bateau sort du port que le voyageur n'a pas reparu comme le régiment de la *Femme à Papa*. Inquiétude de la dame. Discours consolant du valet. « Monsieur ne peut manquer de venir avec la barque pilote. D'ailleurs le commandant de l'*Amérique* est un ami de monsieur et il l'attendra autant qu'il faudra. » De fait il a attendu.

La vue de la barque vide, inquiète, mais ne décourage pas le commandant qui, croyant lui aussi à un simple retard involontaire, ne veut pas, pour quelques minutes de hâte, perdre l'aubaine de ramener « son ami » millionnaire. Ce dernier, par malheur, se dérobe avec obstination entêtée aux douceur de notre société. Si bien que, découvrant tous trois à la fin qu'ils sont lâchés, la dame de carreau, le valet de pique et le marin ont tiré chacun de leur côté.

J'ai appris ces détails intéressants par le monsieur charitable qu'on a vu s'approcher de la fugitive et qui, au courant de la situation, a tenté de retenir Ariane pas de bonnes paroles. On sait avec quel succès.

Eh bien, c'est dommage de ne pas savoir la fin de l'histoire.

La journée s'est écoulée en promenades et en causeries. Puis la nuit est venue et le roulis avec elle.

On a essayé de dîner. Tentative audacieuse. Mon voisin de table était bien drôle avec ses calculs d'équilibre à chaque coup qu'il voulait boire. Pour finir, il prend son verre, le porte à ses lèvres et gravement arrose son faux col.

Je m'enfuis dans ma cabine. Le roulis pousse aux idées noires. Pour la première fois, je suis seule et la fièvre du départ étant tombée, j'ai le loisir de songer à mon aventure. Que vais-je faire là-bas?

Il faut avouer que je suis partie comme une folle, sans engagement écrit, sur une simple promesse.

Je vais continuer mes réflexions tout haut chez Sarah, qui me réconforte de son mieux.

— Mais je l'ai dit, ta situation est toute réglée. C'est celle qui était faite à Jeanne, rôles et appointements. Et puis, nous ne nous quitterons pas, ma chérie. Nous jouerons ensemble dans les salons. Nous ferons des lectures dans les familles. On dit que c'est très drôle, ce pays-là. Nous allons bien nous amuser.

— Mais ta sœur, une fois rétablie, viendra te rejoindre. Elle réclamera ses rôles, ses appointements. Que feras-tu de moi ? Je ne puis pas revenir seule d'Amérique.

— Es-tu folle ?... Est-ce que je t'aurais fait faire ce voyage pour te lâcher en route ! Que Jeanne vienne ou non, ta situation d'appointements reste la même. Quant aux rôles, tu joueras toujours la princesse de Bouillon dans *Adrienne*, et la baronne de Cambri dans *Frou-Frou*. Cela je te le jure sur mon honneur sacré, sur la vie de mon fils.

Tout à fait rassurée, j'oublie roulis et tangage, pour ne penser qu'aux surprises charmantes que nous réserve l'inconnu.

— Pour moi, dit Sarah, que mon directeur tienne son engagement, je m'estimerai heureuse. Je suis liée pour 100 représentations, j'en donnerai bien 50 ou 60 de plus. Que mon cachet de 2,500 francs soit payé, cela fait près de 400,000 francs sans la part aux bénéfices. Je ne me plaindrai pas.

— Eh bien, ma chère, mon rêve pour toi est plus beau. Je te prédis un immense succès. Tu rapporteras ton petit million, j'en suis sûre.

— Oh! je ne me fais pas d'illusions, va, je sais bien qu'on viendra me voir comme une bête curieuse, l'éléphant blanc ou le veau à trois têtes.

— Tu te trompes. Tiens, veux-tu parier que tu rapportes plus de cinq cent mille francs?

— Oh! dans ce cas, je te promets un beau cadeau.

— Accepté! Et si tu dépasse six cent mille!

— Tu en auras un plus beau encore.

— Alors, ma chère, je viens de faire une bonne affaire.

Et nous allons nous coucher pour tâcher de continuer en dormant ces rêves dorés.

Je me réveille avec le mal de mer. A partir de ce moment jusqu'à l'arrivée, je ne quitte plus guère le canapé qui meuble la cabine de Sarah, une cabine galamment tendue de reps brun avec encadrement de tapisserie.

Le temps est affreux.

Cependant le docteur du bord m'engage à fuir la cabine, à marcher sur le pont, au grand air.

« — C'est, dit-il, l'unique chance contre le mal. »

En haut de l'escalier je rencontre le commandant Joucla.

— Comment vous portez-vous, mademoiselle?

— Mal, très mal, commandant.

— C'est qu'elle s'écoute trop, dit une voix derrière moi.

Je reconnais Sarah. Elle continue :

— Voyez, moi! Jamais je ne me suis si bien portée... Et puis vraiment la mer est admirable dans sa colère... Tenez, commmandant, et elle promenait sur l'officier un regard complimenteur; il n'y a pas comme nous autres, les maigres, pour supporter les fatigues, résister aux intempéries. Il n'y a que les maigres qui sachent réagir. L'avenir est aux maigres!...

Un violent coup de tangage coupa sa phrase.

— Claude! Félicie!... commandant, votre main. Oh! que je suis malade!...

Et elle disparut à travers l'escalier dans la direction de sa cabine.

Elle n'en sortit plus de trois jours.

Depuis ce temps Sarah passe la journée dans son lit, répétant les principales scènes de ses rôles avec le jeune premier. Entre deux coups de roulis, j'entends cette réplique de la *Dame aux Camélias:*

— Vous n'avez donc pas de cœur, Marguerite ?

— Le cœur! mais c'est la seule chose qui fasse faire naufrage dans la traversée que nous faisons nous autres...

Ils sont bien heureux de pouvoir répéter. Pour

moi, je n'en ai pas la force. Et puis, où trouver une brochure à bord? J'y renonce.

Roulis, tangage ; roulis, tangage. Le voyage devient d'une monotonie désespérante. Pour jeter un peu de gaieté sur la situation, Sarah profite d'une journée où la mer s'est un peu calmée et se fait attacher sur le pont, afin de se mesurer avec la tempête : comme Horace Vernet. Une réminiscence de peintre. Il faut bien tuer les heures.

Un pauvre diable de matelot qui n'était pas attaché s'est laissé tomber sur le pont d'une hauteur de plus de 15 mètres, et s'est brisé la mâchoire. Un passager a ouvert une souscription en tête de laquelle Sarah a tenu à honneur de s'inscrire. Les jours d'hôpital seront moins durs pour ce malheureux.

Telle est la courte histoire de notre traversée. Le véritable incident, c'est la déception des passagers, et surtout des passagères qui espéraient voir Dona Sol de près. Mais, excepté le jour de la tempête... par un temps calme, et une fois le soir où nous sommes allés admirer les pluies phosphorescentes du sillage, Sarah ne s'est pas montrée sur le pont.

J'allais oublier le plus intéressant.

Le 24 octobre, c'était l'anniversaire de la naissance de Sarah Bernhardt.

Je vais dans sa loge... non dans sa cabine, pour l'embrasser et lui faire mon compliment. Ah! quant au bouquet il n'y faut pas songer. Nous sommes à huit jours de Paris ; à 2 de New-York. Je n'ai pas eu le temps d'aller chez Labrousse ou chez Lachaume. A défaut de fleurs, il faut se contenter des souhaits.

Tout à coup, on frappe à la porte de la cabine.

— Qu'est-ce qu'il y a? demande Sarah.

— C'est un bouquet, madame.

— Un bouquet !

— Oui, madame, de la part de l'équipage.

Un vrai bouquet, et qui en valait bien d'autres. Les fleurs étaient remplacées par des légumes. Il y avait des carottes, des betteraves, des radis roses des pommes de terre. Un bouquet de julienne. Mais tout cela taillé, découpé, travaillé, groupé avec un art et une patience de matelot ou de prisonnier. Les camélias surtout, sculptés dans des navets blancs de neige, étaient plus vrais que nature. Des poireaux et le céleri faisaient verdure et encadraient les *fleurs*.

Dans l'ombre de la cabine, et le rideau du hublot baissé, l'illusion était complète.

Le 27, au matin, ma femme de chambre me réveille, en me disant qu'on voit la terre. Ah! merci, mon Dieu! Je m'habille à la hâte et monte sur le pont. En face de nous est une côte grise, triste, désolée. Je viens de découvrir l'Amérique.

On n'entrera pas dans le port avant une heure, et je vais chez Sarah encore au lit, car il est sept heures et demie.

Tout à coup, un bruit de fifres, auquel se mêlent des éclats de trombones et le vacarme des cymbales. Au même moment Claude, le valet de chambre de Sarah, fait irruption dans la cabine.

— Madame! Madame! Levez-vous bien vite. Voilà un bateau qui vient au-devant de nous!

Sarah saute en bas de son lit, un peu vexée d'être ainsi surprise. Et tant bien que mal, à la hâte, elle fait en un quart d'heure sa toilette « d'entrée ». Dame! elle n'est pas de bonne humeur. Et pourtant, vrai, il n'y a pas de quoi. Elle est vraiment en beauté, malgré les souffrances du mal de mer.

Je vais aux nouvelles. Nous sommes dans la baie de New-York, à l'embouchure de l'Hudson qui vient finir devant la ville.

A quelques mètres de notre steamer, un petit vapeur, pavoisé aux couleurs françaises et américaines, et gros comme une de nos hirondelles du Pont-Royal, cherche à aborder, tandis qu'une fanfare à laquelle je pardonne, en faveur de ses bonnes intentions, nous écorche les oreilles par une cacophonie, ayant la prétention de ressembler à notre hymne national. Le steamer s'arrête, et le bateau-mouche s'y accroche. Aussitôt une foule se précipite à notre bord. Ce sont des reporters (il y en a vingt-cinq, pas un de moins), des comédiens, des amis du directeur de la tournée, puis, des Français, de braves gens, qui ont quitté leur boutique ou leurs chantiers pour venir saluer l'artiste parisienne.

Tout cela forme une députation en tête de

laquelle marchent le directeur de Sarah, M. Abbey, les gros bonnets de notre colonie, le consul, des journalistes français et quelques artistes réunis en société pour la circonstance. Tout ce monde s'élance vers le salon où Sarah, sa toilette à peine achevée, se tient très digne pour recevoir les hommages. Après un compliment de bienvenue, un *lunch* est servi, présidé par Sarah, auquel s'asseyent tous les membres de la députation. Puis, au dessert, le speech obligatoire. M. Mercier, rédacteur au *Courrier des Etat-Unis*, peintre et sculpteur à ses heures, adresse à Sarah une petite allocution fort bien tournée. Sarah se lève pour lui répondre :

« Mes chers amis. Je suis terriblement émue... terriblement. Je voudrais parler... vous promettre d'être à la hauteur de vos aimables prophéties. Les mots me manquent. Je ne puis vous dire que merci... merci ! »

Voici maintenant le tour des bouquets. Puis c'est autre chose. Les artistes français de New-York se sont cotisés pour offrir à Sarah un petit souvenir. Au fond d'une corbeille de roses, une plaque cuite au feu porte coloriée de façon un peu naïve, la date de l'arrivée et le nom de la Société. Braves gens !

Nous avons repris notre marche vers la ville. Plusieurs bateaux chargés de curieux nous suivent à distance respectueuse. C'est une mode américaine que cette cérémonie d'escorte, de fleurs et de *speeches*.

A l'arrivée de toutes les personnes de marque, elle se répète dans le port, et les simples particuliers, marchands, banquiers ou autres, se payent volontiers cette petite fantaisie, quand un de leurs amis revient de Paris ou de Londres. Abbey, qui connaît son peuple, n'a eu garde de manquer l'occasion de montrer son respect pour les usages, et a envoyé des invitations en forme à tous ses amis et connaissances. Cela ne peut pas faire de mal à la recette.

Le soleil est beau, le temps superbe, en une demi-heure nous arrivons au quai. Tout ce temps s'est passé en présentations et entrevues avec les reporters. Enfin nous sommes arrêtés. On pose les passerelles. Sarah qui a repris son calme et sa bonne humeur s'avance souriante au bras de son directeur.

Au moment où elle va atteindre l'échelle, une vieille femme essaye de passer. Un policeman la repousse vivement pour faire place à Sarah Bernhardt.

On me dit que cette femme, qui s'appelle madame Lincoln, est la veuve d'un président des Etats-Unis, mort assassiné au service de son pays.

Sarah monte dans une voiture qui l'entraîne à l'hôtel.

Pour moi, je vais assister d'abord à l'ouverture des malles, à la douane, dont j'ai entendu vanter la sévérité.

Un Français m'édifie sur ce point d'une manière bien concluante. Il ouvre sa malle et place sous les yeux de l'employé un billet américain de 25 francs, très apparent...

Le douanier pose la main gauche dessus comme par mégarde. Quand il la relève le billet a disparu. De la main droite, pendant ce temps, il marque la malle à la craie, et crie à haute voix : « Rien à déclarer. Passez ! »

Je suis en Amérique.

CHAPITRE II

Albemarle hotel. — Le journal de Sarah. — Scène de douane. — Ce que coûte la célébrité. — Une étoile américaine.

Sitôt débarassée de la douane, je me fais conduire à l'hôtel *Albemarle* où Sarah s'est installée.

L'avantage particulier de cette maison est d'avoir vue sur l'aristocratique *park* de Madison. Au milieu des arbres dépouillés se dresse une main gigantesque en simili-bronze, destinée à donner aux New-Yorkais l'idée des colossales dimensions de la future statue de Bartholdi.

Le salon de Sarah ouvre sur un balcon de pierre qui servit la semaine dernière au général Grant pour voir défiler l'armée de ses partisans et haranguer son peuple d'électeurs.

Sans accomplir un tour de force, la foule y pourrait atteindre de la rue, en un jour d'enthousiasme.

C'est un choix ingénieux qui dénote chez les agents de l'impresario de sérieuses qualités de prévoyance.

Il faut être prêt à tout événement. On ne sait pas ce qui peut arriver.

La chambre à coucher de Sarah est faite d'un nuage de mousseline blanche. Les couvertures banales du lit d'hôtel, ont été remplacées par celle qu'on a apportée de Paris, une couverture de satin blanc, piquée et décorée de la devise: « *Quand même,* » brodée en lettres d'or.

Dans le salon, obligeamment prêtés par la maison Goupil Kwedler, de New-York, les bustes en bronze de Molière, de Racine, décorent la cheminée de marbre, où rougit une énorme grille de charbon de terre.

Mobilier connu des salons du répertoire de Scribe ; deux fauteuils, deux chaises, un grand fauteuil à bascule, un piano. C'est tout.

La chambre voisine est celle de madama Guérard, la compagne de Sarah.

A l'étage supérieur, habite M. Jarrett, son agent et son interprète.

Le domestique est composé d'un valet de chambre, maître d'hôtel à Paris, élevé à la dignité d'intendant en Amérique, et d'une femme de chambre, habilleuse, coiffeuse... et confidente de sa maîtresse.

Par suite de je ne sais quel oubli, l'agent ne m'a pas retenu d'appartement. Mais Jarrett, qui connaît la ville, m'a bien vite indiqué quelque chose. Une heure plus tard je suis installée à *Belvedere-House*, dans l'ancien appartement de Capoul, devenu maintenant celui de Maurice Grau, l'habile et heureux impresario.

Je trouve dans un journal américain qui porte un nom français : *Le Chic,* un récit humoristique et imaginaire du voyage de Sarah sur la mer.

Voici la traduction de cet article curieux avec une reproduction des gravures qui accompagnent le texte. La vignette placée en tête de chaque numéro mérite elle aussi de n'être point oubliée.

Extrait du carnet de voyage de Sarah Bernhardt

16 *octobre*. — A minuit un fiacre *vide* m'a conduite au quai de *la Hâvre* où j'ai trouvé le steamer qui doit avoir l'honneur de me porter moi et ma fortune vers le nouveau monde ?

Le maître d'hôtel, par négligence sans doute, se trouvait absent et ma cabine fermée à clef. Mais les grands esprits ne s'arrêtent pas aux difficultés de la vie! Ah! mais non. Je saute par le trou de la serrure et je suis chez moi.

Une foule nombreuse assiste à mon départ.

A bord du steamer quelques-uns de mes humbles admirateurs embarquent du charbon, des provisions, tout ce qui peut servir à mon confort pendant la traversée. Je ne les ai jamais vus et je ne sais qui ils sont, mais j'ai soin de dire au *correspondant spécial du « Herald »* que je les reconnais pour autant de princes et de ducs déguisés par amour de moi. J'en dis autant de ceux qui détachent les câbles. Cela ne peut pas faire de mal et le bon jeune homme écrit tout cela.

Le navire se met en marche. J'ai revêtu mon costume de départ, 273,000 fr. chez Worth et je représente la Muse tragique avec mes chandelles romaines qui brûlent dans la main gauche tandis que de la droite j'agite le drapeau tricolore (1) tout en avalant de l'étoupe enflammée, et en chantant la *Marseillaise* avec mon nez, resté inoccupé. M. Clairin, le peintre, prend un croquis de moi pour son grand tableau allégorique : « L'Eclipse de l'Europe. La beauté et le génie désertant le vieux monde. » La terre disparaît. Le dernier objet qui frappe ma vue perçante est un douanier gros dans sa tunique trop étroite. Bonsoir la France, comme dit ce vieux et cher Byron.

. . . .

18 *octobre*. — Le capitaine me demande comment je prends le temps, je lui réponds : « Comme il est dans la fable de la Fontaine, *le Singe et le Perroquet.* » Le docteur, un homme charmant, affirme que je ne peux pas être très malade, *qu'il n'y a pas assez de moi* pour laisser prise au mal de mer. Oh ! le menteur ! Que le diable emporte tous ces amis avec leurs spécifiques d'eau-de-vie, de choral, un bon repas, du lard salé ! Est-ce que je sais... J'ai tout essuyé. Oh que je regrette d'être partie, d'avoir quitté mon cher pays ! La mer est le père du patriotisme. — Tiens je mettrai ça dans mon livre sur l'Amérique... Oh ! je souffre.

(1) A rapprocher cet incident fantaisiste de la mise en scène du retour au Havre; voir ch. xv.

Il me semble que j'ai été malade. Mais je m'en fiche ! En venant chercher ma cuvette pour la vider, le garçon de la cabine a répété cette phrase, de mon vieux camarade Shakespeare, l'amoureux de la cour d'Elisabeth comme dit Alexandre Dumas : « Qui aurait cru que la vieille folle avait tout cela dans son corps. »

Ce long séjour chez Neptune vous fait sortir de vous-même.

Mais que l'Océan est donc triste ! Pas un reporter ! Est-ce qu'on pense à moi à Paris ? Et en Amérique ?

. . . .

19 octobre. — Je suis montée sur le pont malgré Amphitrite, comme dit cet imbécile de Virgile. J'avais mis mon costume négligé (411,000 fr. chez Worth). C'est embêtant la mer. Toujours la même chose. Si la divine Providence avait eu le bon esprit de me consulter, elle ferait couvrir l'Océan avec de l'asphalte comprimé, et bâtir des bureaux de journaux avec des boutiques de modistes de temps à autre comme refuges pour les marins naufragés.

Je me suis promenée avec le capitaine. « Quel est le poids du chargement ? ai-je demandé. » Il m'a répondu gracieusement : « Mademoiselle, nous avions 3,800 tonnes avant votre arrivée, nous n'en avons plus maintenant que 3,799. » Le compliment délicat ! Je suis plus rassurée en cas de naufrage à la pensée que nous avons un homme si aimable pour commandant.

Un jeune Américain m'a fait une déclaration d'amour sur le pont. Pauvre jeune homme ! Je lui ai dit que je le plaignais de tout mon cœur. Mais il y a tant d'autres gens inscrits avant lui ! Enfin, nous verrons ! »

20 *octobre*. — Il y a à bord un vieux professeur de mathématiques avec son élève, excellent jeune homme qui me fait de l'œil tout le temps avec une admiration respectueuse pour l'Art. Aujourd'hui à déjeuner le professeur a dit à son élève : « Une ligne n'a qu'une dimension, la longueur et pas de largeur. Ex : Mademoiselle Sarah Bernhardt. »

Cela me rendit si joyeuse que je me penchai sur la table pour l'embrasser, mais il arriva un coup de mer et je laissai tomber ma fausse natte dans son potage à la purée Crécy. Cela parut dégoûter le bon jeune homme ; je ne comprends pas trop pourquoi puisqu'il avait plus de potage qu'auparavant. Quant à ma frisure elle était perdue, mais ça m'est égal j'en emporte avec moi 672 de rechange.

Un *gentleman* américain qui était présent a offert 20 francs au maître d'hôtel de l'assiette.

Quel peuple généreux que ce peuple américain ! Comme ils savent apprécier le génie !

Eh bien j'y pense ! Si M. Abbey veut acheter Paris et le faire transporter à New-York, je resterai dans le nouveau monde et je me consacrerai à l'élévation de l'art.

P. S. On vient de me dire que le monsieur américain veut vendre mon potage à 10 dollars la cuillerée à la jeunesse dorée de New-York en souvenir de moi. L'escroc ! Si j'avais eu cette idée-là ! Mais c'est ainsi que dans le monde tout s'unit pour dépouiller le génie de la récompense qui lui est due et le laisser sur la paille.

21 *octobre*. — Réveillée par le bruit des marins faisant leurs dévotions, je me mets à répéter une scène de *Frou-Frou* pour tuer le temps, quand je m'aperçois que le trou de la serrure de ma cabine est munie d'un phonographe recueillant et emmagasinant les paroles d'argent de ma voix d'or. C'est

encore un *truc* du monsieur américain qui veut revendre chaque mot à New-York 50 cents la pièce. Quelle canaille !... Si je l'avais connu plus tôt, je l'aurais pris pour agent.

Il m'est arrivé une horrible aventure.

Ayant eu besoin de parler au maître d'hôtel de ma cabine, je l'ai appelé par le tube acoustique. Lui aussitôt veut répondre, j'entends ses paroles qui arrivent comme une tempête « oui m'am'selle. » Au même moment je me sens attirée avec violence, précipitée dans le tube et aspirée jusqu'à la bouche de cet homme...

Pour s'excuser il a donné comme explication qu'il croyait sucer la paille d'un sherry-gobbler.

C'est seulement la réflexion que dans une paille de ce genre on ne rencontre pas d'ordinaire des femmes ayant des diamants à leurs bottines, qui l'a tiré de son erreur et j'ai pu être sauvée... J'étais si joyeuse que j'ai sauté au cou de cet homme, et quand j'ai connu d'une façon certaine le jour où il reprend le bateau pour revenir de New-York au Havre, je lui ai fait présent pour le lendemain d'un billet de spectacle avec cette mention : personnel.

23 *octobre*. — Encore une terrible tragédie ! Je vais respirer l'air pur du matin et parler avec les

vents la langue des poètes, quand je me sens subitement saisie par un marin myope qui s'empare de moi d'une façon tout à fait brutale et agressive, se préparant à balayer le pont avec ma chevelure. Je fus tellement choquée du procédé et effrayée de mon sort que je ne pus guère que griffer au visage cet insolent. Mais sa peau était si dure et sa vue si courte qu'il ne s'aperçut de rien. Il fallut que le brave capitaine qui ne me quitte jamais de l'œil, accoure à mon secours et vienne m'arracher à une mort épouvantable.

Il m'expliqua alors que ce marin brutal m'avait prise pour une écopette — en anglais swab. — C'est une pièce d'architecture nautique ainsi nommée, paraît-il d'après le nom de mon agent (Schwab). Comme ces Français sont de dangereux et délicats flatteurs ! J'ai fait le tour du pont au bras du vaillant capitaine qui m'a nommé l'une après l'autre toutes les vagues à leur passage en me racontant les légendes qui se rapportent à chacune d'elles. Je tremblais à l'approche des marins de service, mais chaque fois mon protecteur me soulevait aussitôt de son petit doigt bruni par le hâle, et m'abritait commodément derrière le croc de sa moustache cirée où je commençai seulement à perdre tout sentiment de crainte.

C'est égal le matelot brutal m'a perdu un costume

de Worth. Par bonheur c'était un des moins chers, 34,000 francs seulement.

Je ne dois pas oublier de dire que, dans la soirée, j'ai donné aux passagers un exemple de la puissance de l'art, en modelant un groupe de Shakespeare, Michel-Ange et Raphaël décernant à Sarah une couronne de lauriers. Comme je n'avais pas de terre glaise sous la main, je me suis contentée de la pâte avec laquelle le pâtissier du bord fait la tarte aux prunes. Le génie n'est jamais embarrassé; quant au pâtissier sa fortune est faite.

24 octobre. — La terre ! On m'a réveillée pour voir la terre ! Il pleut et voilà qu'une vieille femme très malicieuse me prend par la taille, moi la Muse Tragique, et se met à me retirer ma robe, croyant, dit-elle plus tard, qu'elle sortait un parapluie de son étui.

Grâce à Dieu elle ne put réussir dans son projet ; mais un instant j'eus bien peur. Dans cet accident j'ai encore perdu une robe de 262,000 francs.

Voilà donc la terre dorée du nouveau monde : Il me semble que je suis la fille de Christophe Colomb. Comme je suis grande, comme je suis sublime, quelles émotions pures agitent mon corset ! (Mon agent Jarrett m'a bien recommandé de ne jamais prononcer le mot sein, — l'oreille chaste des Américains ne saurait l'entendre !) Je suis pleine de poésie ! Je me prendrais volontiers, moi-même, pour la compagne d'un de ces fameux pèlerins, les pères nobles de l'Amérique, venus sur le steamer *May-Flower* et qui sont débarqués à Plymouth en chantant des psaumes. C'est Jarrett qui m'a raconté cette histoire de la première tournée artistique faite en Amérique. Il m'a bien recommandé de retenir les noms afin de les placer à l'occasion parce que *cela prend toujours* avec les Américains.

Cela m'a donné l'occasion de faire une conférence sur l'art. J'ai eu soin de mettre un bouchon dans la serrure à cause du phonographe. On a fai ensuite la souscription habituelle en faveur des pauvres marins naufragés. J'ai offert un sourire, et un lot complet d'affiches de mes représentations.

Cette circonstance m'a même suggéré l'idée d'une grande allégorie historique pour le salon de 1881 : Sarah Bernhardt, portée par Neptune, sauve les marins naufragés des griffes du dragon de l'indigence (1).

C'est une grande chose. Il y a des millions là dedans ! J'ébaucherai cela quand je pourrai trouver cinq minutes de libres.

Je n'ai pas encore vu la fin de mes mésaventures. Comme nous approchions du port, j'étais assise sur le pont, un marin m'a prise à bras-le-corps prétendant que j'étais un câble et il s'obstinait à me dérouler quand j'ai été sauvée encore une fois par le vaillant capitaine.

Hélas, — nue (comparativement), je suis partie, nue plus encore (comparativement), j'arrive. Il ne me reste plus que 623 costumes au prix de 862,245,936 francs, chez Worth. Comment vais-je faire à présent pour jouer Hugo, Dumas et Sardou ?

(1) A rapprocher du récit du retour au Havre. Par une coïncidence singulière, la supposition fantaisiste de l'écrivain s'est trouvée par deux fois différentes réalisée à la lettre dans la mise en scène de l'arrivée en France.

Comme nous arrivions à la quarantaine, un commissaire spécial a demandé si mademoiselle Sarah Bernhardt est à bord. Par bonheur le soleil brillait et comme je présentais mon profil aux rayons, le commissaire ne put me voir. J'ai tremblé en apprenant que ce commissaire avait été spécialement délégué par le président de la République pour m'obliger à livrer ce carnet de voyage que je préfère donner au journal *Le Chic*.

Il n'y a pas une minute à perdre. Dix jours seulement nous séparent de la première d'*Adrienne Lecouvreur*, les autres pièces se succéderont ensuite presque de jour en jour. Cela me fait cinq rôles à apprendre. Certes non, il n'y a pas une minute à perdre.

On a pu obtenir enfin les brochures qui étaient à fond de cale de l'*Amérique*. Et le soir même, après avoir dîné ensemble, je prends avec Sarah ma première répétition.

Le lendemain matin, réunion générale de toute la troupe au théâtre.

J'ai oublié de dire que les artistes sont arrivés de France un jour avant nous.

Booth's Theatre, où nous devons jouer, est une magnifique construction en pierre de taille, bâtie par la tragédie anglaise dont elle porte le nom. Cette scène a été témoin de bien des genres de triomphes divers. Rossi, Salvini y ont joué *Othello et Hamlet.* Capoul y a chanté *la Fille de madame Angot.*

Le théâtre qui a vu Rachal est depuis longtemps démoli.

En entrant au théâtre je trouve le spectacle le plus inattendu.

Au lieu des camarades les malles et colis de Sarah encombrent la scène. Boîtes, caisses, coffres et paniers sont entr'ouverts pêle-mêle dans la litière d'une paille d'emballage. A l'entour fouillant, furetant, pliant, dépliant, tâtant et notant, quatre hommes coiffés de chapeaux mous, cravatés de blanc, barbiche longue et inculte, moustache rase, promènent leur flegme silencieux et leurs cigares fumeux au milieu d'un nuage de fumée.

Je découvre enfin Sarah emmitouflée sous ses fourrures, le mouchoir collé aux lèvres, pelotonnée sur une chaise où elle grelotte à la fois de froid et de colère, tout en cherchant à s'abriter derrière une colonne qui soutient l'avant-scène de gauche.

Près d'elle, son agent Jarrett, lui prêche de son mieux à mi-voix la vertu de patience.

— Eh bien, on ne répète donc pas, dis-je en m'avançant?

— Ah oui! répéter! Il s'agit bien de cela! Peut-on savoir quand nous pourrons répéter!... Quand on jouera!... Si c'est comme cela que ça commence!... Pourvu seulement qu'ils ne me fassent pas prendre une fluxion de poitrine dans leur glacière, ou tout au moins une extinction de voix!

— Qu'y a-t-il donc?

— Tu le vois bien!... Ils font un inventaire de mes malles... On veut me faire payer des droits sur tout ce que j'apporte de France. Les robes, les costumes, les tableaux, les marbres, les bronzes...

— Les costumes aussi?

— Est-ce que je sais moi!... Je n'ai jamais rien vu de pareil!... Partout en Angleterre, en Belgique, en Danemark, en Hollande, partout on a respecté mes bagages!...

— Que veux-tu, ma chère, la seule royauté qu'on

reconnaisse en ce pays, c'est celle du dollar... Plus on t'admire, plus il faut payer.

Cependant les gabelous continuaient à instrumenter.

Ils avaient amené avec eux des experts, des interprètes.

Non, je n'oublierai jamais la scène :

La femme de chambre de Sarah tirait de la malle le costume ou la robe. Les hommes aussitôt s'approchaient curieux, avec eux un ou deux reporters et une dame qu'on me dit être madame Abbey, la femme de notre directeur, venue pour savourer la primeur de cette exhibition d'élégances inconnues.

Le chef des douaniers faisait demander par l'interprète, la valeur de l'objet et se tournait vers la couturière-expert qui entonnait aussitôt une litanie d'épithètes admiratives « superbe, magnifique », dont l'expression intempestive grossissait d'autant le chiffre des dollars à payer. Le tout au grand dépit de Sarah.

Parfois il y avait contestation sur la valeur, la couturière américaine étant souvent trompée par le fini du travail de la maison Félix.

C'est ainsi qu'une robe de bal destinée à la Dame aux Camélias fut estimée à un prix exorbitant, l'expert prenant pour des perles fines la garniture de fausses perles.

L'inventaire fut long. Il fallut passer en revue douze douzaines de gants, cinquante paires de souliers, etc., etc. Tout cela ne fut classé, étiqueté, qu'après avoir subi la profanation de ces lourdes mains, peu familières avec les délicates fanfreluches d'une Parisienne.

Ce fut ensuite le tour des marbres et tableaux destinés à la galerie que Sarah compte ouvrir en Amérique sur le modèle de celle exhibée par elle à Londres.

Un marbrier, s'intitulant sculpteur, servait d'expert. La première chose examinée fut le buste d'E. de Girardin, puis un tableau de Saintain, puis la toile de Sarah, la *Jeune fille et la Mort*.

A chaque nouvelle découverte, le marbrier s'adressait à Sarah.

— N'ayez pas peur, madame, il n'y a pas de danger avec moi. Je connais cela. J'aurai les plus grands soins pour vos œuvres. C'est bien le moins, entre artistes.

Sarah mordillait son mouchoir à belles dents.

Le supplice ne finit qu'avec la nuit.

La lendemain matin, la douane donna avis que la somme de droits à payer se montait à 1,600 dollars (8,000 fr.).

Il n'y a d'ailleurs pas que roses sans épines à

cueillir sur les grandes routes où doivent cheminer les reines de théâtres.

Sarah commence à s'en apercevoir.

J'ai déjà parlé des reporters américains.

Dès le jour de l'arrivée ils ont commencé à rendre l'existence de Dona Sol intolérable.

A toute heure du jour, Sarah est entre leurs griffes.

Ils sont là, sans relâche, les tourmenteurs, crayon à la main, avec une poignée de questions, dont voici quelques échantillons :

— Avez-vous bien dormi, mademoiselle?

— Qu'avez-vous mangé à votre déjeuner?

— Que pensez-vous de nos chemins de fer suspendus? de nos parks?

Sarah, à qui Jarett a fait la leçon et prouvé que cette petite inquisition dans les mœurs est nécessaire, Sarah se résigne et répond de son mieux.

Mais cette *scie* commence à l'agacer fort.

Le *reporter* est sa bête noire. Elle n'ose faire un pas, dire un mot, dans la crainte de voir surgir à ses côtés du dessous de quelque meuble, l'inévitable envoyé du *Herald* ou du *Sun*.

Moi, je sais bien un moyen sûr de se débarrasser de ces fâcheux. C'est de leur fermer sa porte, tout simplement.

Mais ce moyen radical qui m'a fort bien réussi,

est interdit à Sarah. Le *reporter* en Amérique est nécessaire au succès des plus grands artistes. Il le faut subir bon gré, mal gré. Cela fait partie de la réclame obligée.

La première entrevue de Sarah avec son public avait été préparée à l'avance par l'impresario.

En outre du théâtre Booth où nous allons jouer, Abbey en exploite deux autres parmi lesquels le *Park* où l'on joue des comédies traduites du français.

Le lendemain de l'arrivée on annonça dans les journaux que Sarah irait au Park, le soir même, pour assister à la représentation d'*Alixe*, adaptation américaine de la *Comtesse de Sommerive*, dans laquelle une actrice aimée du public, Clara Morris, soulevait des tempêtes de bravos.

Je n'étais pas fâchée, moi aussi, de savoir le plus tôt possible comment est fait un public américain. Je résolus d'aller au *Park*.

Dès huit heures, salle archicomble.

A 9 heures, pour le second acte, entrée de Sarah.

Un silence se fait dans les couloirs.

En grande toilette, Sarah paraît appuyée au bras du représentant et interprète d'Abbey.

L'orchestre attaque les premières mesures de la

Marseillaise, tandis que Sarah et son guide pénètrent dans l'avant-scène de gauche, drapée pour la circonstance, d'une tenture en calicot tricolore.

Placée en face, dans l'avant-scène de droite, je ne perds pas un détail de l'entrée. Voici Sarah. La tête fine et le buste se détachent sur le fond rouge de la loge. Elle s'avance vers la salle. Les applaudissements éclatent. Dona Sol fait au public un salut de princesse, et un autre non moins digne de mon côté. Puis d'un geste brusque, elle se laisse tomber sur le siège qui l'attend.

La toile se lève. Clara Morris paraît. Tout le public se dresse comme mû par un ressort. Les applaudissements partent. Mais Sarah est la première à en donner le signal. On dirait que la salle va crouler sous les bravos. Une voix de l'orchestre crie *hurrah !* Tout l'auditoire y répond par un *hurrah* formidable.

Il semble que cette foule veuille dire par cette manifestation :

— Nous avons souhaité la bienvenue à une artiste étrangère qui vient nous voir ; mais c'est l'enfant du pays qui sera toujours notre favorite.

Le patriotisme dans l'art.

C'est ainsi, du moins, que les journaux ont expliqué la chose.

Clara Morris paraît très émue. Elle s'appuie contre un portant et salue le public, puis, se tournant vers l'avant-scène de Sarah, elle lui envoie un baiser. Echange de bons procédés.

Nouvelle explosion de bravos et de *hurrahs*. Mais Sarah ne veut pas demeurer en reste. Elle arrache de son corsage la touffe de roses blanches qui fait bouquet, et lance les fleurs aux pieds de l'artiste américaine.

Cris et bravos, cette fois, s'adressèrent par part égale aux deux artistes.

Sarah avait conquis son public, et l'impresario faisant d'une pierre deux coups, avait obtenu à la fois pour ses deux étoiles une bonne réclame gratuite.

Je n'affirmerais pas, par exemple, que Sarah ne riait pas un peu sous cape.

Cependant la représentation continue.

Et moi qui n'avais pas les mêmes raisons de haute politique, j'avoue que j'aurais bien vite abandonné la place, n'eussent été les signes et les regards de Sarah.

Non, il est impossible à des Parisiens de se figurer l'étoile américaine.

Imaginez une femme qui rendrait des points à Sarah pour la maigreur, anguleuse, n'ayant plus d'âge, et qui n'a jamais dû avoir de beauté. De la jeunesse peut-être, mais il y a longtemps. Sa bouche est un trou noir. Ses dents semblent des clous de girofle dans [de la cire à cacheter. Et on prétend que l'Amérique est la patrie des dentistes !

Ratatinée, momifiée, elle porte perruque de chérubin. Dans les moments dramatiques, elle sanglote, le front dans ses mains et on voit ses doigts osseux rajustant les malencontreuses mèches blond-filasse.

Notez, qu'elle joue un rôle d'ingénue, affublée d'une robe de cachemire d'un blanc devenu gris par l'usage, et boutonnant dans le dos comme nous en rencontrerons sur les épaules des servantes d'auberges, dans les bourgades perdues que nous traverserons en voyage.

Si du moins tous ces ridicules étaient compensés par des éclairs de génie. Si l'artiste empoignait son public par l'admiration. Mais non. Comme son costume, son jeu est gris, terne, elle ne sait ni parler ni marcher. Une cabotine de province.

Voilà la femme que les journaux américains comparaient le lendemain à Sarah Bernhardt et qu'ils lui donnaient pour « rivale ».

A propos de Clara Morris un détail :

Mon vieil ami et cher maître, Arsène Houssaye, me faisant visite la veille de mon départ pour l'Amérique m'avait chargé de rechercher dans ce pays une comédienne du nom de Clara Morris afin

de lui redemander certaine comédie en cinq actes :
« Le roi Soleil », dont il lui avait imprudemment
confié, à Paris, quelques années auparavant, l'unique manuscrit, et dont il n'avait jamais entendu
reparler.

J'ai fait la commission d'Houssaye. J'ai obtenu
pour réponse que « cet écrivain se trompait, que
mademoiselle Clara Morris ne savait ce que Houssaye voulait dire. »

On m'a dit que cela n'avait rien d'étonnant en ce
pays-ci !

Enfin, la toile baisse et, pendant une nouvelle
édition de la *Marseillaise*, Sarah regagne sa voiture
qui la ramène à l'hôtel.

Une fois seule, le vieux maître Jarrett a dû
décerner à l'élève Sarah un bon point qu'elle a
bien mérité.

CHAPITRE III

La réclame des journaux. — Photographie gratuite et obligatoire. — Le puritanisme. — Mon salon. — Répétitions. — Une première à New-York. — Sarah sifflée.

J'ai déjà dit un mot des journaux.

Ils sont en train de devenir autant d'indicateurs-Sarah Bernhardt.

On y commente les toilettes, les menus, et on revient sur les détails biographiques consacrés par la légende.

Toutes les vieilles plaisanteries qui ont traîné dans la petite presse parisienne sont rajeunies et adaptées à l'esprit américain.

Le mot « Sarah Bernhardt » est cliché pour six mois.

Les journaux graves désignent familièrement

l'artiste française sous le nom de « la Bernhardt » espérant se donner ainsi une teinte de dilettantisme de bon ton.

Mais c'est surtout les feuilles à images pour lesquelles la présence de Sarah est une bonne fortune.

Le *Puck*, espèce de *Charivari* new-yorkais, montre la face réjouie des possesseurs de billets pour la saison, et comme contraste la mine allongée des retardataires. Puis c'est la visite des malles à la douane. Les employés tombent de leur haut en trouvant parmi les colis de Sarah le fameux cercueil accompagné d'une collection de crânes assortis.

Enfin un grand dessin colorié montre Sarah Bernhardt dont le long corps fluet s'étire en un interminable poteau télégraphique perdu dans les nuages. Par-dessus la tête de Sarah les fils électriques se croisent

Il n'y a pas que les journaux. Les éditeurs s'en mêlent aussi. Par malheur, ils ont souvent la main plus lourde qu'il ne conviendrait.

Le lendemain de notre débarquement, en se rendant au théâtre, Dona Sol a croisé une voiture étrange qui se promenait par les rues.

Imaginez une charrette de dimensions énormes

recouverte d'une toile peinte à la façon des chars du bœuf gras.

Sur cette toile on lisait en grosses lettres :

LES AMOURS DE SARAH BERNHARDT
(Le volume, 25 cent.)

Je me suis fait traduire la chose.

C'est un fouillis d'histoires, toutes plus saugrenues les unes que les autres. On y donne sur les débuts de Sarah dans la vie, sur sa famille, ses habitudes, ses caprices de toutes sortes, mille détails de haute fantaisie, dont on peut se faire l'idée par cet exemple, que la brochure révélatrice publie avec le plus grand sérieux du monde les noms prétendus de quatre (!) enfants de Sarah, tous plus imaginaires les uns que les autres.

Quant aux pères : l'un, c'est le pape Pie IX ; l'autre, l'empereur Napoléon III, etc., etc.

Voilà qui va ouvrir, j'imagine de nouveaux horizons à M. Paul de Cassagnac.

Dans le premier moment de cette rencontre, Sarah n'était pas contente.

Elle ne parlait rien moins que des tribunaux, de procès en diffamation, que sais-je ?

Mais Jarrett a jeté sur cette belle indignation l'eau glacée de ces paroles magiques.

« — Ne décourageons pas la réclame. »

Une autre brochure dans le même goût que la précédente, se crie partout en même temps qu'elle sous ce titre : *Too thin!* trop mince !

En argot new-yorkais, ce mauvais jeu de mot équivaut à « Il ne faut pas nous la faire ; » Ça ne prend pas ; » Nous la connaissons. »

Sur la couverture du factum, on voit une grossière image de Sarah Bernhardt.

Le corps est si étroit, si long, si mince, que le portraitiste en le repliant sur lui-même comme un ruban de soie, est arrivé à en faire une boucle, un anneau fantaisiste rappelant ceux d'un boa au repos.

Ces deux brochures se vendent sur le trottoir comme de la brioche chez Guerre. Rien de cocasse comme les gens offrant aux passants sous les fenêtres mêmes de Dona Sol les « Amours de Sarah Bernhardt » qu'ils prononcent *Séreu Beûnhaat*.

Il y a encore ce que j'appellerai la petite réclame. Un marchand de liqueurs a inondé New-York de l'annonce singulière que voici :

Réunis sur une pancarte sont deux soi-disant portraits coloriés de Sarah. Le premier montre la comédienne arrivant de France. Elle est pâle, maladive, l'œil éteint. Autour du portrait un cercle composé de pièces d'un sou forme cadre. Au-dessous, on lit : *Sarah arrivant en Amérique*.

L'autre portrait présente une Sarah bien extraordinaire. On dirait Suzanne Lagier. Ce ne sont plus des sous qui l'encadrent, mais des dollars. La légende est ainsi conçue : *Après six mois d'usage de notre bitter.* »

On vend partout des cigares Sarah B. Un parfumeur a lancé le savon S. B. et la poudre de riz de la même patronne. Les gantiers ont des gants, des épingles-cravate Sarah, toujours Sarah. Un homme d'affaires de Paris a apporté avec lui une collection de palettes-portraits reproduisant la diva dans les principaux rôles de son répertoire.

Ces portraits nous amènent aux photographies de Sarah Bernhardt. L'histoire en est trop intéressante pour être passée sous silence.

Dans une des premières entrevues à Paris entre Sarah et l'agent d'Abbey, celui-ci avait proposé de vendre en Amérique le privilège des photographies.

— Vendez, répondit Sarah. Nous partagerons la somme.

Or, voici que peu de temps avant de quitter la France (c'était pendant les représentations qu'elle donnait à Lyon), Sarah reçoit de l'agent d'Abbey, revenu à New-York, une dépêche ainsi conçue :

« Le photographe Sarony offre 5,000 fr. pour privilège portraits. Réponse si acceptez. » Sarah aussitôt envoie le télégramme suivant. « Accepté contrat Sarony. S. B. »

Mais Sarah est oublieuse, c'est là son moindre défaut.

Vingt-quatre heures après cette correspondance télégraphique, elle ne songeait plus à l'agent, ni au partage promis, et quand son agent à elle, Jarrett, lui fit quelque temps après la proposition de vendre le droit de photographies en Amérique, Sarah répondit le plus naïvement du monde :

— Vendez, mon cher Jarrett, nous partagerons tous deux.

Une fois à New-York, Sarah reçoit la visite du photographe Sarony qui vient faire exécuter son contrat. Sarah prend jour et va poser.

Alors, arrive l'agent d'Abbey apportant la somme promise, sur laquelle il prélève sa part, ci 2,500 fr.

Apparition de Jarrett auquel on a promis aussi une petite moitié, ci 2,500 fr.

Reste pour Sarah... le souvenir d'une bonne affaire... faite par d'autres.

On devine facilement que Sarah n'a pas posé de bonne grâce dans l'atelier du photographe.

Mais, le plus curieux de l'histoire, c'est que le photographe ne tira guère du marché un plus grand avantage que Sarah, par suite de la circonstance suivante.

L'affaire proposée par l'agent d'Abbey l'avait séduit tout de suite. Faire le portrait de Sarah Bernhardt ! C'était, pour sa maison, une réclame de premier ordre. Mais il fallait payer les 1,000 dollars convenus, et le photographe n'avait pas cette somme.

Il alla conter son embarras à Abbey qui, compatissant à son malheur, lui avança l'argent et consentit à recevoir en payement un nombre usuraire de photographies qu'il se chargeait de faire vendre à la porte du théâtre.

Résultat : Tout le temps de la tournée, M. Abbey promena de ville en ville les portraits de son étoile, faisant concurrence au photographe, et rattrapant par ce petit commerce plus de cinq à six fois la somme avancée.

Il est temps d'aborder un sujet délicat dont j'aurai à parler souvent au cours de ce récit.

Le jour même de notre arrivée, un des premiers journaux de l'Amérique publiait un article sur ce sujet :

Comment recevrons-nous Sarah Bernhardt?

« Nos femmes, demandait l'écrivain, lui ouvriront-elles les portes de leurs salons? »

Et il se perdait en considérations : « Notre société d'Amérique ne ressemble point à la société anglaise. Qu'un des chefs naturels de la société à Lon-

dres, que le prince de Galles s'engoue d'une artiste, et tout le monde suivra le mouvement. En Amérique, nous n'avons pas de chefs de la société, personne n'osera jouer le rôle du prince anglais. »
Cela continuait trois colonnes durant.

Ces chinoiseries biscornues n'ont fait que se développer pendant la première semaine de notre séjour à New-York. Une circonstance n'a pas peu contribué à en favoriser l'éclosion.

Quelques jours après son débarquement, Sarah accepta une invitation à dîner chez Delmonico, le café Anglais de New-York, avec quelques boursiers et autres personnages connus, parmi lesquels M. James Gordon Bennett, propriétaire du *New-York-Herald*.

A tort ou à raison, ce dernier convive jouit parmi ses compatriotes d'une réputation de fort mauvais sujet.

Grâce au reportage, ce dîner fut le lendemain raconté, commenté, discuté par les journaux et le monde.

On parlait d'un dîner de garçon, dont Sarah avait fait les honneurs. Et voilà la bile puritaine de tous ces buveurs de thé allumée.

On a peine à se figurer à Paris de quelle importance sont chez les Américains des choses aussi simples.

L'influence de ce dîner a été considérable. Il a décidé en grande partie de l'attitude que la société américaine adopte vis-à-vis de « la Bernhardt ».

Sarah n'a pas tardé à s'en apercevoir.

A part les reporteurs, quelques représentants du commerce cosmopolite et de la société européenne (cette dernière, très mêlée d'ailleurs), sauf quelques vieux bas bleus, mâchant du grec ou du latin, fruits secs de l'émancipation des femmes venus pour mendier un autographe, l'hôtel *Albemarle* ne voit guère que deux ou trois amis. Et Sarah, nerveuse, désappointée, commence à regretter chaque jour un peu plus son grand atelier de l'avenue de Villiers, peuplé de visages sympathiques.

Telle était ce que les journaux appellent la « situation morale » de Sarah devant l'opinion, quand Jarrett a eu une inspiration subite.

Jarrett est un Anglais froid et sceptique.

Dans une longue pratique des Américains, il s'est assimilé toute leur ruse qu'il double de son flegme britannique.

« Tous ces gens qui crient, s'est dit Jarrett avec raison, grillent au fond de l'envie de voir de près mon étoile. Puisque la montagne hésite à venir à nous, allons à elle. »

Et voilà comment, un beau matin, arriva par la

poste, chez les notables de New-York, une petite invitation sur bristol élégant, et dont voici la traduction :

MADEMOISELLE SARAH BERNHARDT

SOCIÉTAIRE DE LA COMÉDIE-FRANÇAISE

Sollicite la présence de M. et madame... à l'ouverture de sa galerie artistique, qui aura lieu le 8 novembre, à huit heures du soir, dans la salle de spectacle d'Union league Club.

C'était là un coup de maître.

Le choix d'un *club*, qui est le premier de l'Amérique, le soin minutieux avec lequel furent triés les noms des invités parmi les plus libéraux de la ville, tout en y joignant quelques-uns des plus sévères ; en un mot, tous les détails de cette petite comédie... de salon révélaient chez les organisateurs une habileté consommée.

Ils avaient trouvé là un terrain neutre où, sous les auspices de l'art, la curiosité publique pouvait se satisfaire sans compromettre la dignité du puritanisme yankee.

Il s'agissait maintenant de faire un succès de cette soirée, qui avait toute l'importance d'une *première*.

L'article toilette fut l'objet de profondes et minutieuses études, la première impression que fait une femme étant toujours la plus durable.

Après le dîner, très court, Sarah tint conseil d'élégance avec elle-même et, à la suite de plusieurs essais, elle se décida pour une délicieuse toilette blanche, satin et surah, garnie de dentelles, avec le chapeau en pluche blanche rehaussée de jais.

Satisfaite de sa petite personne, Sarah donne un dernier coup d'œil de triomphe à sa glace. Huit heures sonnent.

Le vieux Jarrett a catéchisé son élève.

« — L'exactitude est ici la politesse des reines et des artistes. Soyez très exacte... Un peu plus que de coutume. »

Parlant ainsi, l'agent part en avant, pour donner les dernières instructions et recevoir Sarah à son arrivée.

Pénétré du sérieux de ces recommandations, Sarah se hâte, demande sa voiture et nous voilà parties.

Nous arrivons. Il n'était pas huit heures et quart. Jarrett peu fait à un empressement aussi insolite, n'attendait pas encore son étoile et était au premier étage où avait lieu l'exposition.

Personne pour nous recevoir.

Nous traversons le vestibule dans le brouhaha des premiers arrivants. Un valet du club veut débarrasser Sarah de ses fourrures, elle refuse, de fort méchante humeur, et nous commençons toutes seules l'ascension de l'escalier conduisant à « mon salon ».

Jarrett est toujours invisible.

Nous pénétrons dans la salle d'exposition. Les lustres viennent à peine d'y être allumés. Une trentaine d'invités errent devant les tableaux et les marbres.

Quelques-uns reconnaissent Sarah. Mais qui aura l'audace d'aller au-devant d'elle ?

Quant à Dona Sol, elle commence à craindre d'avoir pris trop à la lettre la consigne d'exactitude et compromis une entrée d'une importance si capitale. Elle sort précipitamment du salon et m'entraîne vers l'escalier. Nous trouvons enfin une porte derrière laquelle elle se dissimule de son mieux aux regards des curieux.

Cependant je vais à la recherche de Jarrett que je finis par trouver et que je ramène.

Les portes s'ouvrent alors à deux battants, une fanfare dissimulée derrière des massifs de verdure attaque l'inévitable *Marseillaise*.

C'est bien, cette fois, mademoiselle Sarah Bernhardt, faisant son entrée triomphale au bras du vénérable Jarrett, dont la tête blanche et la barbe olympienne sont tout à fait en situation dans le rôle de père noble qui lui est confié.

On ne peut bientôt plus se mouvoir dans la salle trop étroite.

Sarah se promène çà et là à travers les groupes, un peu pressée, un peu portée par tout ce monde.

Des chanteurs, des acteurs, des musiciens, des journalistes, des femmes artistes : les visiteurs appartiennent surtout au monde artistique, ce qu'on appelle aux Etats-Unis les *professionnels*.

Quelques-uns tiennent quelque peu au commerce, à l'industrie, à la banque.

N'oublions pas les camarades convoqués par invitation extraordinaire pour combler les vides.

Jarrett connaît quelques personnes qu'il *introduit* à la « grande artiste ».

« — Mademoiselle, je vous présente M. X... un des plus grands artistes de l'Amérique. »

Le monsieur s'incline, très rouge, Sarah fait un signe de tête, avance la main. Le monsieur s'en empare et la secoue fortement. C'est ce qu'on appelle le *shake hands*.

Jarrett traduit en anglais pour son protégé, les paroles de Sarah. Une minute les deux « artistes » échangent des banalités polyglottes, et le monsieur s'éloigne pour faire place à un autre.

Puis les présentés présentent à leur tour des amis, qui « introduisent » bientôt les leurs.

Et ainsi jusqu'à 10 heures 1/2. J'en souffrais un peu pour Sarah dans mon coin.

Mais, il n'est si bonne société qu'on ne quitte, suivant le mot de feu Dagobert. Sarah distribue encore quelques poignées de main, et son agent la ramène à sa voiture pendant une reprise de la *Marseillaise*.

Y a-t-il eu succès ? Assurément. Succès d'habits noirs. Au moment où je franchis le seuil de la porte, j'entends derrière moi une voix française qui dit : « Ça manquait de femmes ! »

Au lieu de rentrer à l'hôtel nous sommes allées au théâtre.

C'est après-demain lundi qu'a lieu la première.

Nous allons faire une petite répétition générale d'*Adrienne Lecouvreur* devant les banquettes.

A quatre heures du matin nous y étions encore.

Cette soirée prolongée, et surtout la séance des présentations nous ont creusées.

D'un cabaret voisin, on fait apporter des huîtres, des boissons démocratiques, et là, entre nous, à la bonne franquette, nous faisons le modeste souper de veille de première.

Il n'est pas moins de quatre heures et demie

quand nous sortons du théâtre pour regagner nos lits.

A la porte, deux titis new-yorkais attardés, qui ont surpris sans doute l'arrivée de notre festin, nous saluent au passage avec ces mots :

« As-tu déjeuné, Sarah ? »

Nouvel extrait du carnet de voyage de Sarah Bernhardt dans le Chic.

New-York. 25. — Nous sommes en Amérique. Quel pays hospitalier aux étrangers ! Ces chers messieurs Schwab et Abbey ont tout prévu, pensé à tout, arrangé tout. Les billets sont entre les mains des gens le plus capables d'apprécier les choses de l'art. Les Américains les appellent « spéculateurs ». Quelle drôle de langue !

Les bons Américains semblent avoir la religion de l'art et une grande admiration pour sa grande prêtresse.

Je vois partout dans les rues de grandes bannières qui pendent entre les maisons. Ce sont des portraits de mes agents (1). Vus de loin ils ne

(1) Les portraits grossiers des candidats à la Présidence ; c'était le jour même des élections.

sont pas très ressemblants, mais c'est un désagrément qu'il n'est pas facile d'éviter à ce qu'il paraît. Je crois que je ferais bien d'acheter quelques-unes de ces perles de l'art américain et de les envoyer chez moi pour le salon prochain avec mon nom dans le coin. Ils feraient sensation, bien sûr.

Je vois passer dans les rues des milliers de gens portant des bannières, des torches, des transparents... couverts de devises et de vers à mon adresse : « Hancock et English. » — Garfield et Arthur. » etc., mon agent me traduit cela : « Vive Sarah Bernhardt ! — Hommage de l'Amérique au génie. » etc. Quelle drôle de langue ! comme j'ai déjà dit plus haut. On illuminera ce soir, paraît-il, pour me faire honneur. Jamais, le peuple n'a manifesté tant de joie à l'arrivée du prince de Galles ou du grand duc Alexis.

J'ai eu d'abord très peur en entendant les cochers qui criaient hack ! hack(1) ! J'ai cru qu'ils étaient payés par ma rivale envieuse, Croizette, pour me mettre en pièces, sous prétexte de m'aider. Mais aujourd'hui que j'ai affonté plusieurs entrevues avec les reporters américains je n'ai peur de rien.

(1) Voiture ! Voiture !

En manière de compliment délicat à l'adresse des Américains, j'ai pris la résolution de donner à mon nom une tournure américaine ; cela ne peut que les flatter. Et je me suis fait graver des cartes ainsi modifiées d'après le diminutif populaire de Sarah :

SADIE BERNHARDT

Le grand jour est arrivé.

Depuis une semaine, toute la ville ne parle que de l'événement de cette soirée. Pensez ! La Comédie-Française à New-York, cela n'est pas banal.

Les billets ? Ils sont vendus, revendus depuis longtemps.

Et même la chose s'est faite d'une manière particulière, que je recommande aux directeurs de Paris.

A l'issue des répétitions, l'agent d'Abbey est monté sur la scène, et il a mis simplement aux enchères publiques, les loges, les fauteuils, etc.

Mais le vrai public n'a guère profité de cette vente. Ce sont les marchands de billets au contraire, les spéculateurs comme on dit, qui ont tout acheté, tout accaparé, et aujourd'hui, jour de la première, on a payé certaines places très modestes jusqu'à 25, 30 et 40 dollars (125, 150, 200 francs). Quelques fauteuils ont même atteint des chiffres triples ou quadruples.

La coutume américaine est d'afficher un spectacle nouveau longtemps à l'avance. Tous les coins de murailles disponibles sont alors placardés de colossales affiches aux couleurs criardes donnant en lettres de 3 mètres de haut le nom de l'étoile, et parfois de grossières illustrations des principales scènes.

Pour Sarah Bernhardt, ex-sociétaire de la Comédie-Française, un tel déploiement de publicité brutale a paru indigne. Le directeur s'est laissé persuader de faire imprimer seulement quelques affiches de dimensions plus simples, indiquant une certaine préoccupation de bon goût destinée à trancher avec les habitudes de la réclame ordinaire.

Les derniers jours qui ont précédé n'ont pas été perdus pour le puritanisme américain, lequel semble décidément avoir pris Sarah pour objectif d'une croisade sainte.

C'est d'abord un certain docteur Crosby, l'un des plus fameux prêcheurs des Etats-Unis qui, dans un long sermon, a tonné contre « la courtisane européenne venue pour ruiner les mœurs du peuple yankee ».

Puis c'est encore le *Méthodiste*, journal religieux, tirant à plus de 200,000 exemplaires. Dans son numéro de dimanche, il publie des phrases indignées contre la société corrompue de Londres qui sans scrupule a ouvert ses *homes* vertueux à « une actrice-courtisane, mère sans époux ».

La feuille chrétienne termine en adjurant les honnêtes gens d'épargner à la métropole américaine une « honte » de ce genre, en se commettant avec « cet apôtre éhonté de l'amour libre ».

Les femmes prennent part à ces controverses dont le « caractère » de Sarah, comme on dit ici, fait tous les frais.

Je suis heureux de constater qu'il s'est rencontré au moins une ou deux femmes assez raisonnables pour tenir tête à ces affolées de morale.

Deux clubs fameux, le *Sorosis*, composé de bas bleus, et le club de la *Coopération culinaire*, se sont réunis en un *meeting* solennel pour traiter la question Bernhardt.

On a lu des rapports, fait des discours.

Au cours des débats, une certaine madame Scynthia Léonard n'a pas craint de se poser en champion de l'accusée :

— Que les hommes attaquent les femmes a-t-elle dit, c'est encore compréhensible. Mais, pour Dieu, mesdames, dites donc aux femmes qu'elles cessent de se déchirer entre elles.

Madame Scynthia suffira-t-elle à calmer ces enragées? Saura-t-elle les ramener à la modération et à la charité ?

Nous ne tarderons pas à le savoir.

A sept heures, nous arrivons au théâtre.

Il fait un froid russe qui n'empêche pas la foule de piétiner dans la neige.

Nous gagnons nos loges. Personne dans les coulisses. La consigne est formelle. Et, d'ailleurs, elle n'était pas d'une urgence particulière. Tout le temps qu'ont duré nos répétitions, quelques rares visiteurs ont seuls, avec les inévitables reporters, paru au théâtre.

Est-ce encore la pudeur publique? Qui sait ?

A lire les faits-divers des journaux américains, il semble pourtant que cette vertu farouche ne soit pas tant que cela à l'abri des accrocs. Cette grande ville de New-York, où l'on se tient si raide à cheval sur les principes, n'est, après tout, que le grand collecteur de l'Europe.

Quel peuple! Quelles mœurs!...

Mais ce n'est pas le lieu d'en parler. Reverrons au théâtre.

Nous sommes derrière le rideau.

Dans la salle, bondée jusqu'à suffocation, je vois nombre de dames.

En suite de je ne sais quelle consigne, la plupart sont venues en robes sombres, et chapeau fermé, ni plus ni moins que pour une soirée de troisième ordre. De la coulisse on m'indique au premier rang de la critique, le reporter d'un grand journal. C'est un bas-bleu, une jeune femme vêtue d'un ulster des jours de pluie. Je commence à me dire, que l'éloquence de Scynthia manque d'autorité sur ces dames.

Notez que ces mêmes femmes, ces ladies si effarouchées, si rigides, sont les mêmes qui, la veille encore, faisaient solliciter de Sarah, la faveur d'un authographe.

Au milieu d'un demi-silence le rideau se lève.

La [princesse de Bouillon dit le premier mot. Je n'étais guère rassurée devant ce public inconnu. Mais le bon accueil a vite fait de me mettre en confiance.

Sarah n'est pas du premier acte. Le public, ne connaissant pas la pièce, s'attendait à chaque minute à la voir paraître. Dès qu'il entrait un nouveau personnage, c'était un mouvement de curiosité aussitôt suivi d'un mouvement d'impatience.

Ce qui ne laissait pas que de donner à la représentation une allure un peu saccadée.

Enfin, la toile tombe au milieu de l'attente universelle.

Deuxième acte : « La voilà qui descend de sa loge », dit Michonnet annonçant Adrienne Lecouvreur dans le foyer de la Comédie-Française. « La voilà », chuchote le public.

Elle était émue, très émue, notre Adrienne, car on n'avait pu lui tenir cachés les exploits de la « morale américaine ».

On cherche à la rassurer, mais elle :

— Que voulez-vous, c'est nerveux... C'est plus fort que moi... Je ne peux pas m'empêcher de trembler à une première. Fût-ce à Bruxelles, savez-vous.

Un comble. Celui de la modestie, ou de la coquetterie, au choix.

Débuter par *Adrienne Lecouvreur* devant une salle dont j'ai dit l'esprit, c'était de la crânerie, mais c'est un genre qui a toujours réussi à Sarah.

Elle savait le succès de Rachel dans cette pièce écrite pour elle et dont quelques New-Yorkais ont gardé le souvenir après vingt-cinq années.

Sarah s'était dit sans doute qu'elle pouvait frapper un grand coup avec cette comédie où l'artiste peut montrer son génie successivement dans la grande tragédie, le drame violent et la fine comédie.

Et puis cette personnalité d'Adrienne a dû l'empêcher de dormir, et sans doute n'est-elle pas fâchée de démontrer qu'elle la compte comme une ancêtre dont elle a su conserver l'héritage.

Le silence est tel qu'on entendrait une mouche voler.

Voilà Sarah. Elle entre lentement, saluée d'une salve de bravos. Voici maintenant la fable des *Deux pigeons*, qui força jadis la porte du Conservatoire devant Sarah, la fillette de quinze ans. La Fontaine décidément porte bonheur à l'artiste.

L'auditoire est attentif, charmé.

On me montre de la coulisse des marchands, des avocats, des politiciens, dont tout le français se borne à : « Bonjour, madame, comment vous portez-vous? »

Comprennent-ils un peu ces Yankees? J'en doute. On le dirait pourtant. Il y a peu de livrets. Les journaux ont rappelé le souvenir de Rachel qui se plaignait jadis du bruit agaçant fait par les livrets de traduction, lorsque toute la salle à la fois tournait la page, en même temps. Suivant le mot de Rachel, rapporté par M. Dana, directeur du *Sun*, ce bruit fatigant rappelle la pluie d'averse.

Les Américains ont préféré un peu moins comprendre et ne pas s'attirer le même reproche. D'ailleurs, ils ont peut-être étudié les livrets à l'avance.

Très curieux, ces livrets, au reste. Sur la couverture, la signature de Sarah, le nom du traducteur, et celui du directeur Abbey.

Quant à Legouvé et Scribe, on les a simplement oubliés.

A peine l'action entre-t-elle dans le drame d'amour que l'auditoire donne des signes d'une émotion profonde. Sarah Bernhardt les prend par le cœur.

Au troisième acte, les applaudissements éclatent sur la scène entre Adrienne et la princesse.

Au quatrième acte, vient la tirade tragique de Phèdre.

Cette magnifique explosion de haine féminine produit un effet extraordinaire.

Enfin la toile tombe sur la mort d'Adrienne, dont Sarah a fait une création merveilleuse.

C'est le moment de l'ovation finale. Fleurs et bouquets défilent sur la scène. En galant directeur, Abbey a envoyé deux corbeilles superbes à son étoile ; mieux que cela, une magnifique couronne de fleurs apporte à l'artiste dans son triomphe un souvenir de ses amis « les peintres et les sculpteurs de Paris ».

Cette soirée est une soirée heureuse pour Dona Sol.

Pendant le deuxième et le troisième entr'acte, les amateurs de musique ont eu le plaisir d'une fantaisie brillante excutée sur le xylophone.

L'orchestre alterne pendant les autres entr'actes, avec des quadrilles de *la Belle Hélène* et d'*Orphée aux Enfers*.

C'est une délicate politesse à l'adresse des Français dont le cancan sera toujours la danse nationale aux yeux des Américains.

La presse du lendemain est curieuse à parcourir.

Je me suis fait traduire les critiques ou pour mieux dire les comptes rendus des principales feuilles, car dès le lendemain matin on peut les lire dans tous les journaux.

Quelques-uns continuent leur système de comparaisons saugrenues entre Sarah et telle ou telle artiste indigène.

Mais tous ou à peu près sont unanimes à constater l'immense impression causée par l'apparition de Sarah Bernhardt.

Toutefois, le sentiment du public est surtout celui de l'étonnement. On ne *la* trouve en aucune façon ressemblante à ses portraits. La *notion* américaine d'une tragédienne est bouleversée par Sarah. Ils s'attendaient à une virago tragique capable de faire des poids. Et dame!...

Le critique du *Courrier des États-Unis* rend fort bien cette surprise : « On attendait du Corneille, c'est Alfred de Musset qu'on nous a servi. »

« On peut dire, écrit un critique du *Sun*, que cette représentation a été une révélation pour la présente génération. Mademoiselle Sarah Bernhardt est une étrange et très intéressante personnalité, une merveilleuse artiste, une femme extraordinaire. »

Le *Herald* trouve en Sarah les principales qualités nécessaires à une actrice hors ligne, surtout dans l'interprétation des scènes de tendresse ; mais elle lui semble d'une santé par trop faible. « N'était cette faculté absente, la puissance attachée au développement musculaire, cette fameuse actrice serait absolument parfaite. » Quel langage !

Et la *Tribune* : « L'âme du beau dont sont pénétrées toutes choses, a en elle un de ses messagers, et dans toutes les phases de sa vie, aussi bien que dans sa carrière dramatique, elle serait une personne exceptionnelle, une puissance, une merveille, un charme. Peut-être n'est-elle pas une grande femme. » Quel pathos !

Pour le *Post*, il reste à prouver que Sarah soit

« grande ». Plusieurs journaux reprochent à l'artiste ses yeux tournés et convulsés.

Le *Times* déclare que la question du talent de Sarah Bernhardt n'est pas encore tranchée.

Mais voici, je crois, la note la plus sincère, donnée par le *Commercial Advertiser* :

« La réception de Sarah Bernhardt fut grandiose. Les critiques *quand même* étaient sur la brèche, et regardant du haut de leur grandeur par le petit bout de leurs lorgnettes l'actrice qui a ébloui les meilleurs critiques de l'Europe par son génie et son talent, ils ont découvert en elle une artiste de médiocre grandeur. Mais nous sommes portés à croire que nonobstant ce que disent ces prétendus critiques, soit qu'ils la couvrent d'adulations nauséabondes ou qu'ils rabaissent ses facultés, les amateurs de ce genre de théâtre qui ravale le goût public, l'expérience, l'étude, le sens commun, les dilettantes, dis-je, feront bien d'aller voir S. B. Ils trouveront en elle un génie dramatique d'un ordre très élevé. »

— Croyez-vous que je leur plairai ? demandait Sarah dans sa loge.

La réponse à cette question est dans cette phrase entendue à la sortie et prononcée par une *lady* très connue :

« Je suis *désappointée* d'avoir été désappointée.

Je l'espérais moins bonne. Je n'aurais jamais cru qu'on pût jouer aussi bien la comédie. »

Bien curieuse notre sortie. La foule, attendant par 12 degrés de froid pour voir passer Sarah, et assiégeant les abords du théâtre.

Les pick-pokets ont fait des affaires superbes.

Dès que Dona Sol se montre, les gamins se précipitent sur son passage :

« *Good night Sarah !* » Bonne nuit, Sarah ! crie l'un deux, et tous de courir derrière la voiture en répétant : *Good night Sarah !*

Je rentre avec elle à l'hôtel où l'artiste retrouve l'ovation du théâtre.

Plusieurs milliers de personnes encombrent la rue, et rendent l'entrée de l'hôtel des plus difficiles. Sur la façade, un puissant réflecteur projette une gerbe de lumière électrique.

Jarrett et le valet de Sarah, fendant la foule, nous ouvrent un passage. Sarah à demi portée par la foule, finit par atteindre son appartement.

Tout à coup on entend la *Marseillaise*. C'est la fanfare d'un régiment de milice qui vient donner une sérénade.

Il faut se montrer à la foule. On commence à comprendre l'utilité du balcon.

Malgré le froid très vif, Sarah paraît. La foule pousse aussitôt un terrible *hurrah*.

Dona Sol s'avance, salue, agite son mouchoir, fait des signes de la main. Va-t-elle parler?

Non, ce sera pour une autre fois. Elle se contente d'envoyer des baisers.

A ce moment, une bordée de sifflets énergiques nous déchire l'oreille.

Sarah tressaille, si nous n'étions dans la lumière électrique, j'affirmerais qu'elle a pâli.

— Il n'y a pas de roses sans épines, dit-elle, en se tournant vers moi.

Mais on la rassure. Le sifflet, c'est l'applaudissement indigène. On n'a pas sifflé au théâtre, parce qu'on a su par les journaux, que cela ne se faisait pas à Paris. Mais dans la rue...

Satisfaite de l'explication, Sarah s'abandonne sans arrière-pensée à la joie d'un tel succès.

Nous écoutons encore deux autres morceaux, mais le froid est vif. Il faut rentrer. Sarah détache son bouquet de corsage qu'elle jette au chef d'orchestre et prend congé par un grand salut.

La fenêtre fermée, et restée seule avec les intimes, Sarah ne peut contenir l'expression de sa joie :

— Je suis heureuse, bien heureuse.

— Savez-vous, madame, dit un New-Yorkais, qu'on n'a pas fait cela pour l'empereur Don Pedro du Brésil.

Je n'ai pu m'empêcher de répondre.

— Oui, mais il n'était qu'un empereur.

CHAPITRE IV

Managers, Agents et Contrats. — Une heure chez *Edison*.

On a vu comment s'est organisée la réclame colossale faite à Sarah Bernhardt dans la presse, dans la rue, dans la société.

Contrairement à tous les usages de ce pays, où l'on se désenchante, paraît-il, aussi vite que l'on s'engoue facilement, cette réclame va grandissant de jour en jour.

Et le *puff*, comme on dit, ne paraît pas près d'entrer dans la période décroissante.

La petite comédie... de salon n'a pas manqué de surexciter encore cette réclame.

Décidément, les impresarios aux mains desquels sont confiées les destinées de cette tournée peuvent passer pour être au courant des choses américaines.

Et à présent que j'ai vu tout ce monde à l'œuvre, je crois le temps venu de faire une courte présentation des principaux types au lecteur.

A tout seigneur tout honneur.

Henry Abbey, que Sarah appelle « monsieur l'abbé », l'audacieux directeur (en américain on dit le *manager*), qui a supplanté tous ses confrères et su inspirer assez de confiance à Sarah pour la décider à le choisir pour cornac.

Henry Abbey.

F. Schwab.

Ceux qui le connaissent disent de lui qu'il est joueur et fataliste.

En ce cas, les atouts s'annoncent bien, et la fatalité paraît de bonne composition.

Au physique grand, l'air d'un Anglais, élégant, froid, jeune et portant moustache.

La première fois que j'ai eu affaire directement à lui, ce fut quelques jours seulement avant la première d'*Adrienne Lecouvreur*.

Les costumes venaient d'arriver. Commandés à la hâte, ils étaient pour la plupart fort peu soignés.

Ceux de la princesse de Bouillon notamment étaient inmettables.

Je fus trouver l'agent d'Abbey pour le faire juge de la chose.

— Ces costumes, répondit-il brutalement, ont été faits pour la princesse de Bouillon, la princesse de Bouillon les mettra.

En disant ces mots, il avait ses mains dans ses poches et le chapeau rivé sur le front.

— La princesse de Bouillon peut-être, mais pas Marie Colombier, ripostai-je à mon tour.

Et d'une pichenette sur le bord de son couvre-chef, je le rappelai aux convenances.

Un peu confus, il prit un ton d'excuse, ou du moins de concession.

— Après tout, c'est l'affaire du directeur.

— Eh bien, je vais parler au directeur.

Abbey justement causait dans le fond du théâtre avec Jarrett. Je prie ce dernier de me servir d'interprète. Il lui transmet ma réclamation.

— Il me faut des costumes mettables.

— Oh ! yes ! dit Abbey en s'inclinant.

— Ceux-ci ne sont pas des costumes de princesse.

— Oh ! no.

— Il m'en faut d'autres.

— Oh ! yes.

— J'en ferais bien faire un à mon compte, mais il faut que vous vous chargiez de l'autre.

— Oh ! yes.

En découvrant un gentleman aussi obligeant, je fus presque tentée de me repentir de n'avoir pas réclamé les deux costumes.

Tel est Abbey. Tel il est resté tout le temps que dura notre contrat.

Son agent Schwab, Israélite polyglotte, est l'ancien ami et le conseil d'Abbey. C'est lui qui est venu à Paris pour terminer l'affaire avec Sarah, et qui s'est chargé des détails de l'organisation. C'est encore lui qui a traduit les livrets et engagé la troupe. Lui aussi est un peu notre *manager*, un peu régisseur général, un peu interprète, un peu administrateur, un peu chargé de la réclame. C'est ce qui est exprimé, avec beaucoup d'autres fonctions encore, par le titre américain d' « agent ».

Henry Jarrett, agent de Sarah, qui tient auprès d'elle le même emploi, ou à peu près, que Schwab auprès d'Abbey, comme lui polyglotte, et en plus secrétaire intime, accompagnateur, chaperon, comme lui « agent », comme lui « manager », mais honoraire, dans la coulisse (pas celle du théâtre).

Toute mesure habile, c'est Jarrett qui en recueille la gloire aux yeux de Sarah ; Schwab, de son côté, s'en accorde volontiers le mérite près d'Abbey. Quant aux petits impairs inévitables, chacun des deux le porte charitablement à l'actif de son confrère.

Mais Jarrett a l'avantage des cheveux blancs, l'autorité de l'expérience et d'une longue carrière heureuse. De plus, il est continuellement dans l'intimité de Sarah.

Le résultat final de la compétition entre ces deux hommes n'est pas douteux. Mais les phases de la lutte promettent des développements intéressants.

Les gens bien renseignés racontent ainsi l'origine de cette rivalité d'*agents*.

C'est lors des représentations de la *Maison de Molière* à Londres que Sarah connut Jarrett.

Son grand succès chez les Anglais inspira à l'agent de la Nilsson le désir d'une suite de tournées dans l'avenir, quand Sarah obtiendrait un congé.

Il sut faire partager ses espérances à Dona Sol,

et séance tenante obtint d'elle un contrat aux termes duquel, pendant une période de trois ans, toute entreprise théâtrale de Sarah hors de France devait se faire par son intermédiaire à lui Jarrett, moyennant une commission de 12 0/0.

Sarah signa et... oublia.

Une année se passe. Dona Sal· prend un congé d'un mois et va jouer à Londres.

Son directeur Mayer lui propose une tournée d'Amérique.

Sarah accepte et signe.

Mais le contrat Jarrett?

— Bah! je m'arrangerai avec lui.

Jarrett n'entendit pas de cette oreille.

En homme pratique, il s'adresse aux tribunaux qui prononcent le maintien du contrat.

Quelque temps s'écoule. Un directeur de New-York se présente. C'est Abbey. Ses propositions sont si tentantes, que Sarah se laisse séduire et signe avec lui un troisième contrat.

— Et Mayer?

— Bah, je lui donnerai comme compensation une tournée en Europe.

Mayer accepta.

Sarah fait sa rentrée à la Comédie-Française.

Reprise de *l'Aventurière*. Sévérité de la presse.

Le *Figaro*, par la plume de son éminent critique, fait un rapprochement avec *l'Assommoir*.

Sarah sent baisser la faveur du public, écrit la lettre à Perrin, et tourne ses regards vers l'Amérique.

Les journaux alors parlent d'heureux prétexte. L'opinion qui trouve naturel qu'une *prima-donna* fasse fortune avec son talent, s'indigne naïvement contre la prétention d'une comédienne d'en faire autant.

Sarah télégraphie à Abbey qui envoie Schwab à Paris. En un mois, la troupe s'organise, répète. Pendant ce temps, Sarah joue en Danemark, en France.

Enfin, tout est prêt. Sarah quitte Paris dans huit jours.

Tout à coup, apparition de Jarrett dans le rôle de Statue du commandeur.

— Eh bien, vous vous êtes enfin décidée... Vous avez eu raison ! Je crois que nous allons faire une bonne affaire.

Sarah pensait bien à la décision des juges anglais !

Elle se sent prise et s'exécute.... de bonne grâce.

— Ah ! c'est vous, mon petit Jarrett !... Je vous avais complètement oublié !... Vous arrivez à temps... Nous partons ensemble samedi.

Elle avait réfléchi et instantanément compris tout le parti qu'elle pouvait tirer de ce vénérable homme d'affaires.

Condamnée à lui payer 12 0/0, quoi qu'il arrive, elle trouvait plus habile de lui faire gagner cette commission en lui confiant la défense de ses intérêts.

Quand donc l'agent d'Abbey, Schwab, vint avec son « impresario » pour recevoir Sarah débarquant en Amérique, son étonnement fut grand de trouver, occupée près de Dona Sol, une place qu'il se croyait tout naturellement réservée. Son désappointement n'échappa pas à l'œil fin de Jarrett qui montra, pour la première fois, son autorité par le petit coup de Jarnac des photographies.

Voilà ce que racontent « les gens informés ».

Depuis quelque temps on nous promettait le plaisir d'une visite à Edison, le célèbre électricien et inventeur.

Quelques amis ont profité du dernier dimanche passé à New-York pour nous conduire à Menlo-Park, où demeure le savant américain, à une heure de New-York par le chemin de fer.

A six heures du soir nous quittons la gare de Pensylvanie. C'est la première fois que j'entre dans un wagon américain. Celui qu'on nous a réservé est un véritable salon. Glaces, fauteuils, tapis, rien n'y manque. On peut s'y promener, sortir, prendre l'air ou causer au coin du feu tout en admirant par la large baie de la portière les paysages de neige qui se succèdent dans le crépuscule de la nuit tombante.

Je n'ai pu m'empêcher de trouver que la comparaison n'était pas à l'avantage des cages à poules décorées en France du nom de wagon, où les voyageurs sont empilés comme des colis.

On nous raconte l'histoire de cet Edison que nous allons voir.

Petit crieur de journaux, puis vendeur de livres sur les trains, il a débuté par créer un journal des Chemins de fer qu'il écrivait, composait et imprimait lui-même tout en voyageant. Il n'avait pas vingt ans. De riches Américains s'intéressaient à lui.

Il fait alors pour le compte des compagnies de chemins de fer et des télégraphes quelques inventions heureuses. Enfin, depuis quelques années, tout son temps est consacré à l'étude de l'électricité industrielle. Il a, sinon inventé, du moins perfectionné le téléphone, le phonographe. Il étudie en ce moment la construction d'une lampe électrique devant donner la lumière à bon marché.

Une compagnie de capitalistes tout-puissants ont mis à sa disposition les sommes nécessaires. Une armée de secrétaires polyglottes dépouillent tout le jour les publications scientifiques, les comptes rendus des académies, des sociétés savantes de l'Europe, cherchant dans le fatras des conceptions mort-nées les idées nouvelles, les inventions ingénieuses, non exploitées faute d'argent.

Les Américains ne sont pas peu fiers d'Edison. Son nom forme, avec ceux du général Grant et de Barnum, un triangle sacré représentant toute la puissance du génie yankee.

Mais voici que le train s'arrête. Nous sommes en pleine campagne. Pas une maison. A perte de vue la neige, une horrible neige molle, fondante. On ne marche pas, on patauge. En souliers de satin, c'est peu agréable. Enfin ! ! sachons souffrir un peu pour la science.

Nous gravissons un escalier de bois aux marches glissantes. Ah! voici une carriole de campagne attelée d'un cheval villageois. On nous attend. Cahin-caha, au petit trot, nous arriverons au bout d'une demi-heure. A trois pas devant nous se dresse un chalet au milieu d'un bois. Nous sommes à Menlo-Park. C'est là que loin des bruits de la ville, Edison travaille à la fortune de ses commanditaires... et à la gloire de son pays.

Sarah marche en tête appuyée sur Jarrett.

On nous a fait monter un perron de bois et traverser plusieurs salles dont les murs disparaissent sous des rayons, chargés de livres et de journaux soigneusement classés et rangés en bataille. Après avoir franchi un dédale de vases de fer, de verre, de porcelaine, de roues dentées, de bobines électriques et toute une collection d'appareils métalliques, nous gagnons le cabinet du sorcier.

On dirait une station télégraphique tellement sont nombreux les réseaux de fils, de boutons, de machines électriques.

Assis dans un fauteuil, près d'une table chargée de papiers, un homme travaille.

C'est Edison.

En nous voyant entrer, Edison se lève et vient à nous, non sans un certain embarras.

Maigre, de taille moyenne, visage blanc, rasé de près, œil bleu, chevelure blonde, contenance pleine de timidité. Telle est l'apparence du Pic de la Mirandole américain. Sa photographie est d'ailleurs exposée à toutes les vitrines de New-York. Elle est revêtue de sa signature. Elle peint l'homme et mérite d'être reproduite.

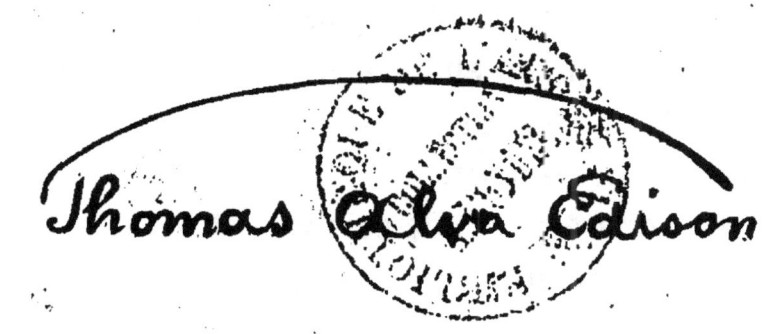

Sarah le contemple une demi-minute en silence. Edison rougit.

Dona Sol lui tend la main. Un *shake hand*, pendant lequel l'artiste parisienne adresse un compliment soigné à l'ouvrier de génie.

Par malheur, Edison n'a pas compris. Il sait la physique, la chimie, les mathématiques, mais pas le français.

Sarah implore le secours de Jarrett qui, avec toute la solennité voulue, traduit la phrase : « La grande joie de madame Sarah Bernhardt de se rencontrer avec un homme d'un si grand génie etc., etc. »

Edison s'incline, son visage devient pourpre. Il fait dire à Sarah, par son agent, qu'il va faire fonctionner pour elle quelques-uns de ses appareils.

Nouveau trajet dans la neige pour gagner les ateliers. La pluie tombe dans la nuit noire. Il dégèle horriblement. Ce gâchis marécageux n'a rien d'aimable.

Enfin voici le grand atelier, sorte de laboratoire où le savant nous conduit parmi les fourneaux et les machines jusqu'en face d'une grande armoire fermée. Il presse un ressort, les deux battants s'ouvrent violemment.

Sarah pousse un cri de surprise et bat des mains. Sept ou huit petites « lampes Edison » brûlent sur les étagères de l'armoire qu'elles inondent d'une lumière éclatante.

Silencieux, la tête couverte d'une calotte noire de voyage, Edison triomphe de notre admiration. Peu à peu se familiarisant avec sa visiteuse, il commence l'explication du mécanisme.

Ah! bien oui, avant le troisième mot Sarah a tout compris... et deviné le reste.

Elle se tourne vers Jarrett :

— « Quand aura-t-on cette lampe à Paris, dans les théâtres? Chez les particuliers? Peut-on la faire marcher soi-même?... etc.

» Ce qui me séduit surtout, dit Sarah, dans cette lampe merveilleuse, c'est que sous les rayons de sa lumière blanche, le visage ne prend pas ces tons verdâtres que donne la lumière électrique ordinaire. »

Furetant, examinant, admirant, Dona Sol promène son élégant costume à travers l'huile noire des machines et la poussière graisseuse des instruments.

Voici le téléphone. Edison se place devant l'ouverture d'une sorte de gobelet d'argent et dit à voix haute « Hello » C'est le mot ordinaire d'avertissement.

Une voix sort d'un second gobelet et répète : « Hello ».

— Sifflez, commande Edison.

— *All right.*

Un court silence. Puis distinctement, clairement, nous entendons un air d'opérette anglais, *sifflé* par un aide placé, nous dit-on, à l'autre extrémité du fil électrique, à un *mille* de distance.

Nous sommes à présent devant le phonographe.

Approchant sa bouche d'un pavillon de métal, Edison, d'une voix de chantre entonne... un hymne lugubre. Après ce petit divertissement, nous avons l'intermède. Edison cause, dialogue, siffle quelques chants d'église. Cela, c'est l'intermède.

Puis il fait signe à l'un de ses aides, un bon type de savant, et voici tout à coup ces deux hommes graves, chantant sur un rythme plus grave encore une ballade politique célèbre aux États-Unis : *John Brown's body*, « le cadavre de John Brown ».

L'accord des voix est d'une fantaisie tellement cocasse et le spectacle des chanteurs improvisés si inattendu que, malgré la solennité du lieu et la majesté des acteurs de cette comédie, c'est à peine si nous pouvons étouffer nos rires.

Quant à Edison, tout à la jouissance que lui cause l'hommage rendu à son génie par une aussi grande artiste que Sarah Bernhardt, il prolonge son triomphe et fait succéder les strophes aux strophes de la funèbre complainte, battant la mesure du pied, le plus sérieusement du monde, et termine le récit du martyre de Brown par une gigue nationale dansée en vis-à-vis avec son aide !

Mais cela n'est que la première partie de la fête. Après un entr'acte de cinq minutes pleines d'attente silencieuse, la manivelle tourne à nouveau. Quelle n'est pas notre surprise d'entendre reproduits avec fidélité, l'air, parole et musique, sans oublier les sifflets, ni les vers de la ballade confiés à la mémoire de l'instrument. On dirait la plaisanterie d'un ventriloque ou le boniment de Guignol en colère. Tous les tons graves ou aigus, toutes les inflexions de voix sont répétés sans exception, mais dans un timbre nasal, criard, rappelant la pratique d'un polichinelle. Chose curieuse, les mouvements marqués par les soubresauts de la gigue, sont rendus par le curieux instrument. Dona Sol frappe dans ses mains et crie bravo. Il y a de quoi. Toutes ces expériences, nous les avons vu faire à Paris, mais ici, en Amérique, chez l'homme auquel le public en fait l'honneur, cela est vraiment plus intéressant encore !

Tout à coup, nous voyons Edison tourner encore la manivelle de l'instrument qui ressemble à une vielle. Il se hausse sur la pointe du pied et rassemblant ses forces.

— Police. — Police. — Get out. — (Police. — Police. — Fichez-moi le camp !)

Je n'étais pas très rassurée.

Mais presque aussitôt, à l'autre extrémité de l'appareil, une voix aiguë de fifre répète : Police ! Police ! Get out.

Nous partons d'un éclat de rire.

C'est une plaisanterie extra-scientifique destinée à nous donner une idée de la puissance du phonographe.

Notre hilarité un peu calmée, Sarah ne veut pas demeurer en reste avec son hôte illustre.

Elle prend son air le plus tragique, et s'approchant à son tour du phonographe, laisse tomber ces mots de Phèdre :

..... Et ne suis pas de ces femmes hardies
Qui, goûtant dans la honte, une tranquille paix,
Ont su se faire un front qui ne rougit jamais.

Un tour de manivelle, et le polichinelle, qui est dans l'instrument, de répéter l'apostrophe. Rien de plus étrange que cette contrefaçon de Sarah... mécanique.

Par galanterie, Edison chante encore, accompagné par son aide, le refrain de *Yankee-Doodle*.

Nous quittons enfin l'antre du sorcier, encore plus remplis d'admiration pour sa personne que pour ses merveilleux instruments, et avec une forte courbature de fou-rire, longtemps contenu.

V

Curiosités puritaines. — La défense de Sarah. — La « Dame aux Camélias ». — « Le Passant ». — Adieu à New-York. — En route pour Boston.

J'ai déjà dit quelques mots de la croisade morale contre la comédienne française.

Cette bouffonne campagne continue.

On pourrait faire un gros volume avec les discours prononcés dans certains *meetings* et les et les sermons très éloquents des pasteurs prêchant contre « la Parisienne pervertie ».

A Orange, petite ville de l'Etat de New-York, les femmes assemblées en ligue ont consacré plusieurs séances à l'examen de cette question : Le caractère privé des acteurs et des actrices doit-il guider le public dans l'accueil qu'il doit leur faire au théâtre ?

Quelques extraits des opinions exprimées sur cet

important sujet méritent d'être donnés comme des traits caractéristiques de la vie sociale aux États-Unis

Une femme a soutenu qu'il était dangereux pour un public honnête de séparer la vie privée d'un artiste de sa valeur professionnelle.

« Si le drame devient immoral et ses interprètes vicieux (sic), l'influence de la scène sera désastreuse sur la vertu publique. Notre gouvernement, ajoute-t-elle, a causé un dommage incalculable à la moralité nationale, en nommant des représentants de notre peuple auprès de certaines cours corrompues. Lorsqu'un artiste d'une immoralité notoire se présente devant le public pour briguer sa faveur, il est du devoir de tout honnête citoyen de lui refuser son patronage, au nom de la moralité publique. »

Encourager et sanctionner la conduite d'une femme comme « la Bernhardt » a dit une autre vertueuse dame, c'est insulter le peuple d'un pays.

Une femme de sens a insinué timidement que si l'on devait scruter la conscience d'un artiste avant d'assister à une représentation dramatique ou lyrique, il faudrait fermer les théâtres.

Une autre dit que sa famille a examiné la « question Bernhardt ». On a décidé de conseiller aux jeunes filles et aux jeunes gens une abstention

Photo. Michelet.

digne, car les rôles que joue l'actrice, et l'artiste elle-même ne font qu'un.

Une mère a pris la parole pour dire qu'elle était inquiète depuis l'arrivée de Sarah Bernhardt aux Etats-Unis.

« — Que va-t-elle faire de nos fils ?

» Le génie dont on dit qu'elle est douée comme artiste la rend encore plus dangereuse. »

Une dernière pourtant a pris la parole et avoué qu'elle avait assisté à une représentation.

Elle pensait n'en éprouver aucun mal dans l'avenir.

« Sarah Bernhardt est gracieuse, a-t-elle dit, sa voix merveilleuse. » L'orateur cependant ne se sent pas le courage de l'aller visiter chez elle.

A la suite de tous ces discours on a procédé au vote et il s'est trouvé seulement trois personnes en faveur d'une visite au théâtre Booth.

La question Bernhardt prend du reste une importance universelle à travers les Etats-Unis.

A Boston, capitale du puritanisme et du *basbleuisme*, Sarah a trouvé un défenseur bien inattendu. C'est un pasteur, le *révérend* Blaud, qui s'est déclaré ouvertement partisan de l'indulgence.

Il ne croit pas qu'on doive se regarder comme damné et voué au feu de l'enfer (sic), pour avoir assisté aux représentations données par Sarah Bernhardt.

Voici quelques-unes de ses raisons :

« Le fait est que les natures artistes, les peintres, acteurs, poètes, musiciens, ont une grande propension à hésiter toujours entre le bien et le mal. Shakespeare, Burns, Moore, Le Titien, Mozart, Kean et tant d'autres (!) sont des preuves de cette vérité.

» On nous demande maintenant, si nous devons encourager de telles gens ?

» Mais quelle est la prétention des artistes ? Se donnent-ils comme des moralistes ?

» Parce qu'ils ne sont pas des types de vertu dans leur vie privée, devons-nous refuser de jouir de l'art qu'ils cultivent ? Je ne le crois pas. »

Pour clore le trop long exemple de ces curiosités américaines, je veux mentionner l'action galante et délicate d'un journaliste de Cleveland qui a pris la peine de faire mettre sous bande à l'adresse de Sarah, un numéro de son journal où il avait réuni en une sorte de compilation les plus brutales de ces attaques fanatiques.

L'aimable homme !

Il est temps de venir aux triomphes de l'artiste dramatique.

Or, avec le succès de la première d'*Adrienne Lecouvreur*, *Frou-Frou* a produit une émotion plus populaire. C'est du moins le verdict des critiques.

Hernani, *Phèdre* ont eu la même fortune. Le drame de Victor Hugo n'avait, on le croit sans peine, jamais été joué devant un public américain. L'effet a été considérable.

Quant à *Phèdre*, c'est là que Sarah Bernhardt était attendue par ceux qui avaient vu Rachel ou ouï parler d'elle. Eh bien ! c'est peut-être la vieille tragédie de Racine qui a le plus fait pour donner aux Américains une idée exacte du talent de Sarah.

Mais c'est surtout la *Dame aux Camélias* qui s'annonce décidément comme la pièce de la saison.

On pouvait croire cette œuvre un peu vieillie.

Sarah en fait une création superbe, une incarnation vivante.

Sous le titre de *Camille*, la comédie d'Alexandre Dumas avait été jouée bien souvent en anglais, par des artistes indigènes. De l'aveu des critiques ou plutôt des reporters qui tiennent leur emploi, « ces pâles copies avaient été impuissantes à suggérer une idée exacte de l'original qu'ils ont sous les yeux en ce moment ».

Ce qui étonne surtout ce public et désarme la critique, c'est la sobriété des *effets* que Sarah tient des traditions de l'école française.

Les sentiments tendres, les scènes d'agonie, dans lesquelles on s'attend à des démonstrations violentes, à des manifestations de force, s'imposent à l'admiration, avec une puissance inattendue par la délicatesse, la vérité, la grande simplicité du débit.

A la sortie d'*Hernani*, un spectateur disait à un de nos camarades :

« — On voudrait être Français, monsieur, pour pouvoir se dire compatriote de votre grand poète et de votre grande artiste. »

Je donne le mot pour ce qu'il vaut et comme exprimant la pensée de beaucoup de gens en ce pays.

Le 4 décembre, nous avons clôturé la saison par une soirée d'adieu, avec un spectacle extraordinaire : deux actes de *Frou-Frou*, les deux derniers de la *Dame aux Camélias* et *le Passant*, de Coppée, dans lequel j'avais repris mon rôle de Sylvia.

Quatre rappels. Des bravos. Des bouquets. Voilà comment s'est close cette première série.

Nous avons donné vingt-cinq représentations à New-York, avec 494,800 fr. de recette, une moyenne de 19,635 fr. par soirée.

Rachel avait donné vingt-quatre représentations, avec une recette de 411,450 fr. et une moyenne de 17,880 fr.

Pour les deux artistes c'est la première représentation, qui, à vingt-cinq ans de distance, s'est trouvée la plus féconde : Sarah 28,170 fr., avec *Adrienne* ; Rachel 25,080 fr., avec *Horace*.

Notre dernière représentation a produit 17,855 fr.

Voici comment le *Courrier des Etats-Unis* résume cette entrée en campagne :

« La première saison de Sarah Bernhardt au théâtre Booth a été un succès éclatant, malgré des critiques sévères, malgré des préventions inspirées par un puritanisme mesquin, une intolérance qui serait inqualifiable dans tous les pays du monde, et qui est incompréhensible en Amérique. N'insistons pas sur ce sujet délicat, qui a, d'ailleurs, été traité avec beaucoup de tact et une verdeur mordante dans une série d'articles adressés au *Sun* par un de nos confrères de Paris, M. Jehan Soudan.

» En Angleterre, aussi, Sarah Bernhardt avait été victime de calomnies odieuses, quoique moins cyniques et restreintes dans un moindre cercle. Elle a trouvé des défenseurs dans le meilleur monde et dans la presse, un, entre autres, à qui elle a adressé de Paris une lettre qui a fait le tour des journaux anglais et que Jehan Soudan a reproduite :

« Monsieur, — Je reçois votre journal dans lequel se trouvent et le déloyal sermon de Rév. X... et votre si énergique réponse.

» Je vous assure que je suis plus touchée par votre

chaleureuse défense que je n'ai été blessée de l'insulte.

» Je crois de toute mon âme que l'hypocrisie est le plus lâche de tous les vices.

» J'ai un enfant, je l'aime. Les pierres qu'on me jette au passage n'atteindront pas sa jeune tête, et je le conduirai au but, parce que c'est mon devoir.

» Si je l'eusse étouffé, et jeté au ruisseau, lors de sa naissance, je serais en paix avec la société; mais que voulez-vous, je suis si originale que je préfère être en paix avec ma conscience et avec Dieu.

» Sarah Bernhardt. »

« Il me semble, dit Jehan Soudan, que cette lettre parle clairement. Je respecte la femme qui l'a écrite. »

Ces articles du *Sun*, auxquels il est fait allusion, et notamment l'un d'eux ayant pour titre : *la Critique des critiques*, ont produit un subit revirement dans l'opinion. Il devient à la mode de se dire le champion de Sarah Bernhardt qu'on attaquait publiquement quelques jours auparavant.

Un reporter est venu demander à Dona Sol son avis (*sic*) sur toutes ces agressions brutales.

« — Savez-vous, mademoiselle, que les journalistes vous reprochent d'avoir quatre enfants et pas de mari?

» — Cela est absurde, mais vaudrait encore mieux que d'avoir, comme certaines femmes de ce pays, quatre maris et pas d'enfants ? »

La réponse était topique. Pour bien en comprendre le sel il faut lire les journaux de New-York où s'étalent en grandes lettres les annonces de remèdes infaillibles contre les embarras de la maternité...

Ce mot fait le tour des Etats-Unis et finit par concilier à Sarah tout le clan des mères et des gens d'esprit.

Toutefois, conformément à une observation déjà faite, personne ne se sent le courage de remonter le courant primitif et de prendre l'initiative d'une invitation directe à la femme, tant le préjugé a de force dans cette société prétendue si indépendante.

Un exemple me fera comprendre.

J'ai retrouvé à New-York, lors de l'ouverture de la galerie artistique de Sarah, un Américain de Paris, homme de goût, possesseur d'une grande fortune et d'une magnifique collection de tableaux, M. Stebbens dont quelques Parisiens n'ont pas oublié les soirées splendides données dans l'un des hôtels d'Arsène Houssaye.

J'avais conduit chez lui Sarah Bernhardt qui y joua avec moi le *Passant*, de Coppée.

En rencontrant ce Parisien d'Amérique, je n'ai pu lui dissimuler mon étonnement de voir l'hostilité marquée à Sarah par la société.

« — Mais vous, monsieur Stebbens, vous allez bien sûr demander à Sarah de venir jouer chez vous ?

» — Ah ! chère madame, c'est impossible. A Paris, je ne dis pas, mais à New-York, le plus audacieux ne l'oserait... »

Le 4 décembre, nous nous sommes mis en route pour notre grand voyage que nous commençons par Boston, la ville sainte des États-Unis.

A huit heures du soir, toute notre petite troupe était réunie à la gare. Un temps affreux. Des rues impraticables. On ne voit que des chiens, des Français et des artistes en route ; le pavé disparaît sous une horrible boue liquide, et la neige fondante tombe depuis le matin.

Voici Sarah, qu'une voiture dépose à l'entrée de la gare. Sans doute elle a hâte de fuir un climat aussi peu hospitalier. Mais dans son empressement elle s'est trop hâtée. Nous avons une grande demi-heure à attendre avant le départ du train.

Un peu dépitée d'être confondue dans la foule, Sarah quitte la salle commune et va se blottir dans un angle de la porte d'entrée, sur le trottoir de la rue.

Nous pénétrons dans la salle d'attente où sont déjà bon nombre de voyageurs qui partent par un des trains suivants.

Jarrett, moi et quelques amis nous formons le cercle autour d'elle contre la bourrasque et les curieux importuns.

Sarah fait demander qu'on ouvre les portes pour qu'elle puisse prendre possession du wagon qui lui est réservé. Mais les consignes sont formelles et ne connaissent pas d'exception.

Enfin, après une station d'un quart d'heure, à l'air froid et humide du soir, sous la neige glacée, Jehan Soudan qui a pu pénétrer jusqu'au chef de gare vient dire que les portes sont ouvertes et que mademoiselle Sarah Bernhardt peut gagner son compartiment sans autre délai. Dona Sol ne se le fait pas dire deux fois. Cinquante minutes plus tard, nous sommes dans le train attendant le moment du départ.

Une petite galerie de fer placée à l'extrémité du wagon permet la promenade à l'air pendant la marche.

C'est là qu'a lieu la scène des adieux.

Quelques amis sont venus serrer la main à Dona Sol et lui souhaiter bon voyage.

— Tout le monde à bord! crie un employé.

Ceux qui doivent rester à New-York sautent sur le quai.

Une cloche, placée sur la locomotive, sonne à toute volée. — C'est le signal du départ.

J'ai presque regret à quitter New-York. Pendant un séjour de six semaines, je m'étais habituée à la vie large et confortable mise à la portée de tous. Ces grands hôtels, où l'on trouve tous les avantages du chez soi, de grands ascenseurs qui vous portent à votre chambre, de grands appartements, avec de grands cabinets de toilette contenant de grandes baignoires. Tout est grand dans cette ville, les maisons, les rues, les parcs, les ponts, les théâtres.

Ce qui m'a surtout frappé dans la rue, c'est la politesse universelle de ce peuple pour les femmes. On retrouve cette politesse dans le conducteur de tramway ou « cars », dans le marchand ou le simple ouvrier.

Les chaussées sont boueuses, mais en revanche, à chaque coin de rue est une passerelle avec un « policeman » pour faire attendre les voitures et aider les dames à traverser.

Petit conseil à l'adresse des camarades. Gardez-vous des couturiers français, qui, fatigués de végéter en France, passent la mer pour forcer la fortune.

On est chez eux mal servi, mais en revanche écorché.

. . . .

De la plate-forme nous agitons une dernière fois les mouchoirs.

— Au revoir! Adieu! New-York.

Le train s'ébranle. Nous sommes partis.

CHAPITRE VI

Voyage à Boston. — Globe-Théâtre. — La baleine. — Réception à l'hôtel. — Caricatures. — Révérends et reporters. Harvard-College.

Je gagne le wagon des artistes.

Les camarades sont déjà installés. Chacun de nous a pour passer la nuit une sorte de loge étroite, placée à droite ou à gauche d'un long corridor. Voilà qui rappelle assez les cabines de notre navire sur l'Océan.

Deux lits, l'un au-dessus de l'autre, c'est bien cela. Quelques-uns y dorment déjà.

Mais les secousses sont trop fortes, et puis, il n'est pas l'heure de dormir encore.

Je vais faire visite à Sarah dans le coupé qui lui est réservé et qui contient un vrai lit garni de rideaux. Elle ne perd pas de temps et repasse avec le jeune premier les scènes principales du répertoire.

On cause, rit, plaisante un moment. Les secousses du train courant sur les rails sont positivement furieuses.

De temps à autre, nous traversons quelques rues de villages, dont les maisons éclairées au gaz tranchent sur la nappe blanche qui enveloppe toute la campagne. Mais on se lasse de regarder à la portière. L'heure du sommeil est venue. Gagnons notre couchette, et faisons semblant de dormir.

Je suis réveillée en sursaut par une secousse. Il ne fait pas encore petit jour. Plusieurs des camarades sont réveillés aussi. Qu'y a-t-il? Est-on arrivé?

Le train s'arrête, fait machine en arrière, s'arrête encore, puis repart.

Quelqu'un est allé aux nouvelles.

Il y a eu un accident.

Un piéton, voulant traverser la voie qui n'est pas dans ce pays gardée par une haie comme chez nous, a été heurté par la machine.

Le pauvre diable a eu le pied coupé.

Si l'on était superstitieux, on dirait que c'est un mauvais présage...

Mais nous voilà en marche à nouveau, je n'ai plus refermé les yeux, on le comprend.

Le jour se lève, gris sale. A la hâte on fait une toilette sommaire et on attend.

Ce n'est pas long. Le train se ralentit. Des maisons de briques rougeâtres se dressent sur le ciel pluvieux. Une gare surgit, nous arrêtons. C'est ici, nous sommes à Boston.

Sous une pluie fine, un grand landau attend devant la porte de la gare, déserte à cette heure matinale. Doña Sol y monte avec Jarrett. En route pour l'hôtel Vendôme.

Ce magnifique hôtel, un palais de marbre blanc, nous montre une fois de plus le goût du public américain pour les choses françaises.

Ce merveilleux caravansérail est situé tout en haut d'une large avenue, le long de laquelle se dressent les hôtels privés de ce faubourg Saint-Germain de l'Athènes américaine.

De riches et galants Bostoniens ont gracieusement prêté des bronzes et des tableaux pour orner l'appartement destiné à l'artiste française.

Décidément, les lettres adoucissent les mœurs.

Faut-il attribuer à la *galanterie* ou à la *prévoyance*, la présence de certain' meuble, qu'on rencontre *aussi* dans le salon de Sarah! C'est un vase de cuivre... destiné aux... mâcheurs de tabac.

A peine installée, a commencé la procession des reporters et l'avalanche des lettres réclamant la

A Boston. — Pécheresse vous allez tout droit en enfer!

faveur d'autographes s'est abattue sur la voyageuse.

Parmi ces banalités ordinaires, voici une requête plus originale.

« Providence, 10 décembre 1880.

» Compliments à mademoiselle Bernhardt.

» Pardonnez la liberté que je prends de vous écrire. Mais j'ai parié avec une dame, une bague en or que j'aurais l'audace de vous faire visite. Si vous voulez bien me recevoir après-demain, 14 courant, vous pouvez me faire gagner le pari.

» Veuillez répondre et je serai chez vous après-demain.

» A vous respectueusement.

» J. B. »

Ce n'est pas d'Amérique seulement que viennent à Sarah les lettres cocasses. Témoin celle-ci datée de Bordeaux :

« Mademoiselle,

» Pardonnez à l'audace de cette proposition. Mais il m'est venu à l'esprit que dans vos voyages aux Etats-Unis, vous alliez avoir souvent l'occasion de rencontrer des particuliers riches, amateurs de vins de choix. Ma maison est à même de suffire à toutes les commandes, et dans le cas où vous voudriez bien prendre la peine de m'envoyer des clients, je suis en mesure de vous promettre une commission de 30 0/0 sur chaque commande reçue par votre entremise.

» Je suis, mademoiselle, etc.,

« X..., de Bordeaux. »

Le croirait-on ? Sarah Bernhardt a refusé cette offre si alléchante. Et il y a des gens qui prétendent qu'elle est femme d'affaires !

Boston est à la fois la capitale du puritanisme et celle du libéralisme américain.

Ces deux opinions opposées y sont d'égale force comme on a pu le voir à l'arrivée de Dona Sol.

La veille même, un prêcheur avait dénoncé Sarah comme un suppôt de Satan, et un instrument de l'enfer.

Un autre se constitua aussitôt le défenseur de la tragédienne attaquée.

« On a parlé légèrement de la femme, s'est-il écrié. Cela me semble déplacé, contraire à tous les principes de la charité et de la bienséance. Pour moi, je le déclare, j'ai dans ma poche mon billet d'abonnement pour la série tout entière des représentations que nous donnera la grande artiste parisienne. J'engage ceux qui font cas de mes avis à suivre mon exemple et je leur souhaite de trouver aux soirées de Globe-Théâtre autant de plaisirs élevés et délicats que j'en attends moi-même. »

Il est à croire que cet avis exprimé de si originale façon, a rallié plus de suffrages que l'anathème du ministre intolérant, car le théâtre n'a pas désempli un seul instant. C'est à se demander si le succès de Sarah Bernhardt, à New-York, ville cosmopolite, n'a pas été dépassé par celui qu'elle a obtenu à Boston, le plus ancien boulevard de l'esprit yankee.

La tolérance, comme on voit, a triomphé sur le terrain de l'art et des lettres.

Ce résultat est en partie dû à l'indépendance de caractère des dames de Boston.

Les chroniques nationales racontent que lorsque la première femme blanche débarqua, il y a deux cents ans, sur la plage alors sauvage où s'élève aujourd'hui l'Athènes du nouveau monde, elle ne voulut pas attendre que les chaloupes aient été tirées sur la grève. La mer était houleuse, les gens du navire prièrent leur compagne d'attendre qu'on ait rendu le débarquement facile. Mais la volontaire fille d'Eve ne voulut pas entendre parler de ces lenteurs: « Je veux être la première sur ce sol que vous allez conquérir ! » s'écria-t-elle. Et sautant dans l'écume de la vague, elle prit bravement possession du pays en souveraine décidée à régner.

Les petites filles de cette première suzeraine sont demeurées fidèles aux traditions de leur aïeule. Les femmes de Boston cultivent avec un soin jaloux la fleur de suprématie féminine qui leur a été laissée en héritage. Le procédé de gouvernement est l'instruction dont elles se sont réservé le monopole, à l'exclusion du sexe fort.

Régner par le grec, le latin et les mathématiques, voilà certes une idée qui n'est pas près de s'acclimater chez nous.

Ici, la chose semble toute naturelle. On s'en fait gloire.

Aussi est-il de bon ton pour une jeune miss de courir les rues, dès l'aube, un gros livre sous le bras, et souvent aussi une paire de lunettes sur le nez. Dois-je dire en toute sincérité qu'à ce système les opticiens et les bouquinistes me paraissent seuls favorisés. La grâce de mon sexe m'y semble fort en péril, et je ne crains pas de confesser que cette immolation des charmes féminins sacrifiés au désir de faire un peuple d'institutrices est à mes yeux un crime impardonnable contre la coquetterie, notre vraie vertu.

Quoi qu'il en soit, il est à croire que la bienveillance y gagne, car les dames de Boston ont eu une grande part dans le triomphe de l'esprit de tolérance pour ce qui touche Sarah Bernhardt. Et quand on a les femmes pour soi...

Porté par la faveur des Bostoniennes, le succès de Sarah à Globe-Théâtre a été complet.

Boston ne fut jamais bien tendre aux artistes étrangers.

Plaire aux critiques de ce pays est une rare fortune. Sarah les a conquis tous. Après chaque pièce nouvelle, l'enthousiasme a monté d'un cran. Les journaux renoncent presque à critiquer.

« Devant une telle perfection, l'analyse est impossible, dit *Boston Herald*. »

Cela a été dit après la *Dame aux Camélias*. C'est que vraiment Sarah incarne l'héroïne de Dumas, d'une façon si merveilleusement humaine que l'on est tenté de ne pas trouver ces dithyrambes exagérés.

Ce qu'il y a de curieux c'est qu'à Boston, ville de ton et d'esprit anglais, la pièce a toujours passé pour une immoralité en cinq actes. Il y a quelques années le directeur d'un théâtre de la ville auquel on avait prêté l'intention de monter la pièce crut devoir se défendre d'un tel projet, et publia une lettre dans laquelle il disait que tant qu'il conserverait quelque influence sur ses concitoyens, la *honte* d'une telle représentation serait épargnée à la capitale de la Nouvelle-Angleterre.

Les recettes sont de 18,000 francs en moyenne... Après tout, c'est peut-être parce qu'ils croient la pièce immorale, qu'ils y accourent.

Les derniers échos de notre campagne de New-York nous arrivent sous formes de caricatures.

Quelques-unes méritent d'être citées.

C'est d'abord un prospectus burlesque inspiré par un jeu de mot anglais sur le verbe *die* qui veut dire à la fois *mourir* et *teindre*.

Voici cette pièce singulière dont une traduction barbare ne donne qu'une faible idée, mais qui peut servir d'échantillon de la presse humoristique :

CIRCULAIRE

La grande teinturière (ou mourante) française mademoiselle Sarah Bernhardt

Championne des teinturières (ou des mourantes) du monde entier, éprouve le besoin d'adresser de sincères remercîments au noble peuple de New-

York et des environs pour le patronage libéral qu'il lui a si généreusement accordé. Elle espère qu'il voudra bien lui continuer la faveur de sa clientèle,

Teinture (ou agonies) à la minute

Les teintures suivantes (ou les morts) sont toujours prêtes et peuvent être fournies sur commandes.

L'*Adrienne*. — Riche et durable, couleur solide avec taches comme par l'action d'un poison corrosif.

Pour les personnes âgées et attachées aux vieux modèles, qui reviennent depuis quelque temps en faveur.

La *Frou-Frou*. — Nuance délicate, en repentir. Très à la mode parmi les Parisiennes modernes.

La *Camille* ou *Marguerite*. — Même nuance que la précédente mais plus foncée. Teinture solide, mort émotionnelle, agrémentée de chutes et de sentiment *(sic)*. Très en faveur auprès des jeunes femmes. Hautement recommandée pour l'usage en matinée.

La *Dona Sol*. — Couleur sombre, pour étoffes riches. Dessins tourmentés. Jadis très populaire. Recommandée aux amants malheureux et aux personnes romanesques.

La *Phèdre*. Couleur sévère, classique. Estimée des érudits. Recommandée aux gens d'étude. Depuis des années possède la faveur publique, ce qui prouve son excellence.

Le *Sphinx*. Couleur voyante appelée à faire sensation, mais non garantie à l'usage. Nuances vertes. Excellent pour ceux qui veulent se faire remarquer.

De nouvelles nuances sont en préparation...

N. B. — Aucune de ces couleurs n'est propre à l'usage des familles.

Un écrivain fantaisiste publie un article non moins alambiqué, mais aussi curieux.

Il suppose une série de lettres adressées au *Puck* par différents personnages connus, qui déclarent que la tragédienne, en représentation, sous le nom de Sarah Bernhardt, n'est pas l'artiste de la Comédie-Française, mais une fausse Sarah, une simili-Sarah, une Sarah postiche.

« Les plus singuliers témoignages viennent affirmer cette découverte d'après laquelle une grande imposture serait organisée par des spéculateurs sans scrupule contre l'ingénuité du peuple américain. »

« Cette femme n'est pas Sarah Bernhardt, dit

l'un, je connais la vraie, je dîne tous les jours chez elle quand je suis à Paris. Elle est beaucoup plus grande, beaucoup plus mince. Celle que nous avons en Amérique est une *chevalière d'industrie.* »

« On se moque du peuple américain. La vraie Sarah m'appelle par mon petit nom, et quand je me suis présenté à New-York chez celle qui se donne pour elle, elle ne m'a même pas reconnu. »

Un reporter du journal dont la suspicion est éveillée va trouver Abbey et lui demande d'avouer la vérité. Abbey se trouble et se retranche derrière l'affirmation de sa pensionnaire. « Cette femme m'a déclaré qu'elle était Sarah Bernhardt, je ne saurais mettre en doute la parole d'une inconnue. »

Puis, c'est le critique du *Herald* qui déclare que pour lui Sarah Bernhardt ne peut rien avoir de commun avec l'actrice qui joue en ce moment en Amérique. Il en a une preuve certaine. Cette femme parle si mal le français qu'il n'en peut comprendre un mot.

Enfin, le reporter du *Puck* se décide à télégraphier à Paris d'où il reçoit l'information suivante :

En 1845, des étudiants en médecine dérobèrent aux catacombes, un jour de « noce », un squelette de femme.

L'un de ces jeunes gens est devenu un savant extraordinaire qui a retrouvé les secrets des vieux alchimistes.

On le vit il y a quelques années se promener avec une femme maigre, à la voix merveilleuse laquelle commença à chanter dans les cafés-concerts et à faire des imitations de Sarah Bernhardt. Cette jeune femme n'était autre que le squelette dérobé aux catacombes auquel le docteur avait su rendre une vie factice au moyen de sortilèges.

Sarah Bernhardt, cependant voyait depuis lors sa renommée grandir sans raison plausible.

Elle se demande encore d'où lui vient le succès énorme que lui fait le public.

Elle ignore que c'est le squelette ensorcelé qui en est seul la cause.

Cette femme factice ne fait qu'une avec celle qui joue en ce moment en Amérique sous le nom de Sarah Bernhardt.

Et la preuve, c'est qu'une dernière dépêche adressée au *Puck* de la Comédie-Française est ainsi conçue :

« Sarah Bernhardt a joué hier au soir dans la maison de Molière pour la première de *Macbeth*. Le public lui a fait une véritable ovation dans le rôle d'un balai de sorcière. »

C'est à M. Barnum, le célèbre inventeur de la

réclame moderne que nous sommes redevables des documents qui précèdent, dit en concluant l'écrivain du *Puck*.

Cette fantaisie lugubre obtient ici un véritable succès.

Un autre dessin est d'un caractère encore plus irrévérencieux pour l'idole du jour. Il a la prétention de nous montrer l'intérieur de la loge de Sarah au théâtre. Sarah fait sa toilette pour paraître devant le public. Trois femmes de chambre ne sont pas de trop pour la mettre en état de faire son entrée, car ce n'est pas une petite besogne. L'une applique une perruque frisée sur son crâne dénudé. Une autre assujettit avec des cordons et au prix d'efforts désespérés, un corset rembourré sur un buste déplorable. Les jambes sont également recouvertes d'un pantalon aussi rembourré. Sur une table, on voit deux râteliers prêts à être posés, et une batterie électrique destinée à redonner à Sarah un peu de vie pendant une heure ou deux. Une troisième femme de chambre porte le pot à couleur garni de pinceaux et une quatrième broie dans un mortier de l'émail pour le visage.

Sarah est une vieille au chef branlant, qui a besoin de toutes ces préparations avant de paraître devant le public. Tel est le secret que des reporters cachés derrière une armoire ont pu découvrir et qu'ils livrent aux lecteurs du *Puck*, sous ce titre : *la Vérité sur Sarah,*

Aux pieds de l'artiste, un monceau de lettres contiennent des déclarations bouffonnes, signées des principales célébrités de la politique et de la presse américaine.

Enfin la présence de Sarah à Boston a inspiré au journal satirique le *Chic* une plaisanterie locale tout à fait typique.

Pour bien en goûter le gros sel, il faut savoir que Boston est célèbre dans tous les États-Unis, non pas seulement pour ses prétentions littéraires, mais encore par un plat national : le porc aux haricots que les Bostoniens tiennent de leurs ancêtres, les puritains, comme les Marseillais ont hérité du goût pour l'ail de leurs pères les Phocéens.

Le caricaturiste du *Chic* suppose que pour plaire aux Bostoniens, Sarah s'est donné une indigestion de leur plat favori. Ce menu inusité a produit un effet inattendu sur la tragédienne.

J'exprimerai suffisamment la pensée du dessinateur en disant que Sarah l'impalpable, la diaphane, occupe à la suite de ce repas, un espace tel qu'on la prendrait volontiers pour une des malles énormes qui ont fait l'admiration des gens

de douane. Cette transformation violente fait présager on ne sait quelle catastrophe imminente, comme l'indiquent clairement par leur fuite tous les convives affolés. Sarah elle-même donne les marques d'une vive frayeur. Un petit chien, dont les caricaturistes américains accompagnent toujours Sarah, sans trop dire pourquoi, et qui a suivi l'exemple funeste de sa maîtresse semble destiné au même sort qu'elle. Il est visiblement sur le point d'éclater comme un obus trop chargé.

. . . .

La plaisanterie n'est pas d'un goût bien exquis, peut-être, mais je raconte en historien fidèle.

Jeanne Bernhardt, la sœur de Sarah, est venue nous rejoindre à Boston à la fin de la deuxième semaine de notre séjour en cette ville, deux mois et demi après notre départ de Paris.

Elle vient remplir l'engagement signé en France, et reprend ses rôles et appointements.

Moi, je n'ai pu obtenir la signature de mon engagement que la veille même de notre départ pour Boston, sur mon refus d'aller plus loin sans sécurité.

Les conditions qui me sont faites sont égales à la moitié des appointements promis à la sœur de Sarah.

J'ai rappelé à Sarah ses promesses verbales.

Elle a répondu :

— Tu te trompes, j'ai dit que je *tâcherais* d'obtenir pour toi les mêmes conditions que celles faites à Jeanne.

Un incident comique dont il faut parler, c'est la visite à la baleine.

Un homme se présente un soir à l'hôtel Vendôme. On l'introduit auprès de Jarrett qui est décidément chargé de recevoir les fâcheux et les visiteurs.

— Je suis venu, dit l'homme, pour inviter mademoiselle Sarah Bernhardt à faire visite à une curiosité rare, c'est une baleine énorme qu'on a capturée vivante à quelques milles de la côte, et que j'ai fait remorquer jusque dans le port, où elle est en ce moment.

Sarah entre sur ces mots :

— Je veux voir cette baleine. Cela ne se rencontre pas tous les jours.

— Demain matin, si vous voulez, mademoiselle, dit l'homme aimable ; une voiture vous attendra pour vous conduire.

Le lendemain matin, Sarah, sa sœur Jeanne, son agent, accompagnés de Jehan Soudan, le correspondant du *Voltaire*, partent avec l'homme à la découverte de la baleine.

Il gèle à pierre fendre. Le trajet est long. Enfin, voici le quai. Quelques gens paraissent attendre. C'est là. On approche. Eh bien ! où est-elle donc cette baleine ? L'impresario salue ces dames et les conduit jusqu'au quai. Regardez, dit-il. A demi sous l'eau, maintenu par une corde, un cadavre de poisson, de la taille d'un énorme saumon, montre son ventre jaune au soleil d'hiver. C'est là la baleine promise ?

Sarah regarde sa sœur, qui regarde Jarett, lequel esquisse un sourire. Jamais le pauvre Jonas n'aurait eu la place nécessaire pour s'asseoir dans le ventre d'un goujon de cette sorte.

Sans se déconcerter, le montreur de baleine explique son phénomène avec conviction :

— Ma fortune est faite, mademoiselle, dit-il à Dona Sol. Que le froid se maintienne un mois, et je gagne 500,000 francs. Je vais saler le sujet, et l'exhiber à 25 sous l'entrée par personne. Quand j'aurai fait Boston, je voyagerai aussi longtemps que durera la gelée.

Boston comme New-York a eu sa sa petite réception à l'occasion de l'ouverture du salon de Sarah.

Pour n'être pas en reste, les habitants de l'hôtel Vendôme, — les Américains habitent volontiers en famille à l'hôtel, — ont donné à Sarah une sérénade précédée d'une réception. — La *Marseillaise* et *Yankee Doodle* ont fait les frais du concert.

La réception n'a été marquée que par l'incident suivant : C'était après la représentation de la *Dame aux Camélias*; Sarah tardait à venir. Enfin, elle arrive et un *gentleman*, que Jarrett lui présente, lui adresse son compliment en ces termes :

— Nous vous avons attendue longtemps, mademoiselle, mes chevaux vont bien sûr s'enrhumer. Des bêtes qui valent deux mille dollars chacune.

— Il faut vite leur envoyer le vétérinaire, réplique Dona Sol. Partez tout de suite, monsieur. Et croyez que si je n'étais obligée de demeurer ici, j'aurais eu plaisir à vous accompagner moi-même.

Enchanté, l'homme se retire pour raconter son aventure à tous ses amis.

Selon la mode américaine, les reporters viennent interroger Sarah sur toutes les questions à l'ordre du jour et prendre de ses nouvelles très fréquemment.

J'ai assisté à quelque-unes de ces entrevues. Rien de plus curieux : Un reporter se présente un dimanche matin. C'est Jarrett qui le reçoit.

— Mademoiselle est-elle visible? demande-t-il.

— Visible? fait Jarrett d'un air étonné. Mais c'est aujourd'hui dimanche, ajoute-t-il, avec le plus grand sérieux du monde.

— Eh bien ! oui, reprend le curieux, et j'ai pensé que, mademoiselle ne jouant pas ce jour-là...

L'air sévère du visage de Jarrett coupe la phrase du reporter.

L'agent de Sarah reprend d'un ton sec :

— Vous vous êtes trompé, monsieur, le dimanche de mademoiselle Sarah Bernhardt est consacré aux exercices religieux. Quand les circonstances, voyage ou fatigue, l'empêchent de se rendre à l'église, *elle lit sa messe dans sa chambre, comme c'est le cas aujourd'hui, et ne reçoit personne.*

Le reporter s'éloigne ahuri, et court porter la nouvelle à son journal.

Les attaques contre Sarah ont presque cessé depuis quelque temps. Jarrett qui sait mesurer le poids d'une réclame, commence à regretter presque cette persécution utile. Vite une entrevue avec un reporter qui souffle sur les tisons éteints et rallume le feu.

« — Que pensez-vous, mademoiselle, du sermon prononcé contre vous par le révérend pasteur X...?

— Tout le monde sait que cet homme est un comédien, répond Sarah qui connaît sa leçon. Pour ce qui me regarde, je me contente de dire qu'il s'est conduit envers moi comme un mauvais camarade. »

Reproduit, répété, colporté partout, le mot a fait fortune.

Quelques jours après le *Puck* consacrait une page à Sarah, représentée sous le costume de Respha, du tableau de Becker, défendant son fils contre les corbeaux d'église.

Une entrevue curieuse est celle que Sarah a eu avec un reporter du *Herald*, lequel est venu lui demander si elle consentirait à jouer avec Salvini qui fait en ce moment une tournée aux États-Unis.

Le tragédien italien, comme on sait, joue dans sa langue, tandis que la troupe lui donne la réplique en anglais, dont il ne comprend pas un mot. On devine la cacophonie.

Il s'agissait maintenant, pour Sarah, de jouer en français.

La pensée de cette représentation polyglotte a fait rire Dona Sol aux larmes.

« Ce serait la tour de Babel, » s'est-elle écriée !

Cette tour-là est en train de faire *celui* de la presse américaine.

Nous avons clôturé la saison par une représentation extraordinaire qui a servi aux débuts de Jeanne Bernhardt, dans le rôle de la baronne de Cambri de *Frou-Frou*, que j'avais joué jusqu'alors.

Il ne m'appartient pas de juger une camarade,

mais je pense que les journaux ne lui ont pas rendu suffisamment justice.

La soirée s'est terminée par le *Passant* de Coppée que le libretto appelle une *idylle*.

Les journaux, en en rendant compte, transforment la courtisane Sylvia, dont je joue le rôle, en une *riche veuve* qui refuse les propositions honnêtes d'un troubadour.

F. Coppée ne s'attendait pas à celle-là.

Qu'importe on a applaudi.

Nous avons fait quelques visites à Boston, et Sarah a trouvé moyen de modeler un médaillon et un buste. Cela m'a rappelé qu'elle m'avait promis pendant notre voyage du Havre à New-York, de faire mon portrait pour le prochain Salon, en dédommagement de ceux que m'avaient promis Gervex et Manet.

Mais je vois bien qu'il y faut renoncer. Sarah *n'aura* pas le temps.

C'est à Boston que Sarah a reçu la bonne nouvelle que la douane lui restituait le montant des droits payés pour ses malles. On a fini par prendre en considération ses réclamations et décidé que les costumes d'une actrice sont ses instruments professionnels, comme tels exempts de droits.

Elle doit cette décision à l'activité de l'habile

M° Coudert, avocat français de New-York, qu'on trouve toujours prêt à rendre service à nos compatriotes.

Avant de quitter l'Athènes américaine, il faut aller visiter la fameuse université de *Harvard College*, unique au monde en son genre.

Le mot « college » pourrait induire le lecteur en erreur. Il ne s'agit pas ici de nos casernes universitaires, noires, sombres, malsaines.

Imaginez, au contraire, une suite de villas magnifiques se dressant en pleine campagne, à une demi-heure de la ville, entourées d'arbres, séparées par des champs, des plaines, des jardins où les jeunes gens prennent librement leurs ébats au grand air.

Tous les genres d'architecture depuis l'ogive, la renaissance, le néo-grec jusqu'à l'américain.

Ce vaisseau de cathédrale gothique, construite en granit massif, c'est la bibliothèque dont les conservateurs sont de ravissantes jeunes filles de dix-huit à vingt-cinq ans. Ce doit être une fameuse tentation pour messieurs les étudiants d'aller faire un bout de causette avec d'aussi charmantes bibliothécaires, sous prétexte de recherches historiques...ou autres.

Une salle est consacrée aux manuscrits et autographes. Dona Sol s'arrête un instant devant les signatures de Shakespeare et de Milton. La tragédienne salue ses maîtres avec respect.

A la sortie, se trouve un pilier couvert d'une foule de petits papiers soumettant des questions à l'érudition commune. Chacun des étudiants fait ainsi appel aux lumières de ses camarades. C'est un procédé très pratique d'instruction mutuelle.

L'une des questions posée est ainsi conçue :

« Quelles sont les principales œuvres de V. Sardou, l'auteur dramatique français ? »

Frou-Frou lit et avec un crayon écrit, au hasard, les titres des pièces les plus connues du répertoire de Victorien, payant ainsi son écot à l'institution d'*Harvard college*.

Visite minutieuse de la curieuse salle de gymnastique où les jeunes gens viennent se délasser du grec et du latin, en développant leurs muscles et leur adresse.

Un série d'appareils très compliqués permettent à chaque muscle de s'exercer isolement. Il y a des instruments spéciaux pour développer l'agilité des doigts, la puissance des épaules, etc.

Dona Sol essaye ses forces. Des altères de 10 kilos lui semblent légers comme noisettes, et de sa main gantée, elle soulève à plusieurs reprises la masse de fer à la grande admiration des élèves qui la dévorent des yeux.

« — Voilà, dit-elle, en sortant où je voudrais voir élever ce fils qu'on me reproche si fort. Il me semble qu'il deviendrait un homme sérieux, mieux qu'ailleurs. »

Elle a peut-être raison.

Demain, le journal du college, rédigé par les élèves, publiera le compte rendu de cette visite.

En reconduisant la visiteuse à sa voiture, son guide lui donne quelques dernières explications.

« — Tout ce système magnifique est dû à la générosité d'un homme, Harvard, qui a laissé son nom à l'institution, laquelle vit grassement de ses propres revenus. »

Et Dona Sol de reprendre :

« — Cet Harvard-là n'était pas un avare ! »

Que voulez-vous, à la campagne, dans la neige, par un grand vent !

A Boston. — Comment trouvez-vous notre parck, mademoiselle ?

CHAPITRE VII

De Boston à Montréal. — Les livrets. — En Canada. — Le gouvé excommunié. — « Adrienne Lecouvreur » à Montréal. — Chez les Iroquois. — Le Réveillon. — Adieu aux Français d'Amérique.

Chargés de dollars, nous nous sommes mis en route vers le nord. De Boston à Montréal, nous faisons le trajet en deux étapes, l'une à New Haven, l'autre à Hartford, deux villes industrielles. Dans cette dernière, un petit incident qui en vaut bien un autre.

On jouait *Frou-Frou*. Par erreur, les employés chargés de la vente des libretti avaient apporté ceux de *Phèdre*.

Les portes du théâtre s'ouvrent. Salle superbe. Au contrôle, on vend les livrets de *Phèdre*. Le public a suivi consciencieusement le dialogue de Meilhac et Halévy, dans les tirades de Racine. Personne n'a réclamé.

Voilà comment ils comprennent ! Mais quoi : ils ont payé, ils ont pleuré. Que veut-on de plus ?

En route pour le Canada. De la neige, de la neige. Plus nous avançons, plus elle est dure et épaisse. Enfin le troisième jour au soir, après notre départ de Boston, nous traversons la frontière des États-Unis. Nous sommes *en* Canada. Le train s'arrête. Dans la nuit noire, nous distinguons une petite station. Une douzaine de personnes se dirigent vers notre train et demandent le wagon de Sarah. C'est une députation de notables canadiens venus de Montréal au-devant de Dona Sol, pour lui souhaiter la bienvenue.

Quelle surprise ! Tout ce monde parle le français. Comme c'est bon de pouvoir causer et rire un peu avec des compatriotes ! Car ce sont de vrais Français, ces journalistes, ces avocats, ces membres des Chambres canadiennes, qui ont eu la galanterie de venir au-devant de nous. Nous sommes vite bons amis. Ils nous parlent de la France, de Paris qu'ils adorent. Toutes nos célébrités leur sont familières. Puis ce sont des détails sur eux, le peuple français du Canada. « Vous êtes la grande France, mais nous sommes la *Petite*, la *Nouvelle France*. »

Et leurs cœurs sont restés aussi français que leur langage.

Ce sont des fils de Bretons et de Normands, entêtés dans leur amour pour la vieille patrie.

Le temps passe vite dans ces souvenirs.

J'ai oublié de dire que notre train s'est remis en marche, augmenté du wagon qui a ramené les Montréalais.

Bientôt, il ralentit de vitesse. Il s'arrête. Nous sommes en gare de Montréal. Un cri puissant s'élève autour de nous. « Vive la France ! » On se croirait à Paris, un jour de fête nationale.

Dix mille personnes se pressent dans la gare trop étroite.

En un instant, Sarah Bernhardt entraînée, portée par la foule, se trouve séparée de sa sœur, qu'elle appelle en vain. Inquiète, effrayée, elle se serre contre Jarrett, qui lui fait à grand'peine un passage jusqu'au traîneau qui l'attend. La foule reconnaît l'artiste, dont elle a vu les portraits, et pousse un cri de « Vive Sarah Bernhardt ! »

Une dame lui présente un bouquet, tandis qu'une fanfare attaque les premières mesures de la *Marseillaise*. Cependant les membres de la députation ont pu se rejoindre à la fin. Ils prennent la tête du traîneau et lui font livrer passage jusqu'à la rue.

Quelques minutes plus tard, Sarah entre à l'hôtel Windsor où j'arrive à temps pour la voir se précipiter dans les bras de sa sœur que Jehan Soudan a conduite par un chemin détourné.

Très curieux coup d'œil au moment où nous pénétrons dans l'hôtel. Le long des vastes couloirs, sur les marches de l'escalier, des dames en toilette se pressent pour voir Sarah à laquelle elles font cortège jusqu'à la porte de l'appartement qui lui est reservé, et où elle peut enfin se remettre de toutes ces émotions.

Il faut décidément que Sarah se fasse au rôle de persécutée. Qui eût dit qu'elle viendrait un jour cueillir au Canada les palmes du martyre?

Et pourtant rien de plus certain.

La veille même de notre arrivée, l'évêque de Montréal faisait publier dans les journaux à sa dévotion une sorte de consultation sur la moralité d'*Adrienne Lecouvreur,* qu'on avait affichée pour la première soirée.

On en disait de dures dans cette étude rédigée en style d'Église sur les « amours adultères du prince de Bouillon avec une comédienne », sur la princesse sa femme, « amoureuse du maréchal de Saxe », « enfin sur l'abbé de cour dont le langage léger et frivole n'est qu'une longue insulte au caractère du clergé ».

La conclusion se devine : la pièce immorale, Scribe, Legouvé, des hommes licencieux, la représentation un danger pour les fidèles.

Le mandement de l'évêque n'empêchera personne d'aller voir Adrienne. « Il est trop tard à c't'heure, disait un brave homme qui en parlait devant moi. Tout le monde veut voir la comédie française. »

Et vraiment, la ville est pleine d'étrangers dont quelques-uns arrivés de loin, incognito à cause de l'anathème ecclésiastique. La recette sera belle.

Le martyre de Sarah a des palmes d'or.

Le lendemain de l'arrivée nous employons la journée à visiter la ville. Quel charme à ces promenades ! On marche de surprise en surprise, de découverte en découverte. Qu'on se figure une ville propre et coquette de notre vieille Normandie transportée tout entière à quinze cents lieues de la France, par-delà les mers. Ce n'est plus New-York ou Boston aux maisons de briques rouges, aux constructions de fer; c'est à la fois Rouen, Caen, Saint-Malo, Rennes, avec les bonnes maisons en pierre grise, avec les enseignes naïves, avec les noms des rues, et des boutiquiers aussi français que les cœurs. Le tout un peu relevé d'une nuance d'aristocratie anglaise.

C'est un plaisir de parcourir ces rues vivantes, animées par l'approche des fêtes de Noël, emmitouflée sous les fourrures d'un bon traîneau en compagnie de compatriotes aimables qui nous font les honneurs de leur ville.

La première représentation a été superbe.

Du moment où le rideau se lève jusqu'à la mort d'Adrienne l'ovation est de tous les instants.

On applaudit le texte, on applaudit l'étoile, on applaudit les artistes, et aussi un peu les costumes Louis XV dont la vue éveillera longtemps encore en pays canadien les souvenirs glorieux ou douloureux de la lutte française.

A la fin de chaque acte ce sont des rappels sans nombre.

Dans les entr'actes l'orchestre joue la *Marseillaise*.

Adrienne morte, le rideau baissé se relève et du haut du plafond de la salle descend une couronne de fleurs et de feuillage ornée d'une cocarde tricolore. Un carré de papier qui l'accompagne porte ces mots : « La jeunesse de Montréal fleurissant Sarah Bernhardt. »

Adrienne salue, puis d'un mouvement soudain elle détache la cocarde aux trois couleurs et la porte à ses lèvres. Nouveaux bravos ! nouveaux cris de « Vive la France! » Le public se sépare aux accords du *God save the Queen*, qui doit terminer chaque représentation en pays anglais.

Le lendemain de cette solennité, il fait un froid sec superbe.

Jeanne Bernhardt entre dans ma chambre en courant :

— Veux-tu venir avec moi chez les sauvages ?

— Des sauvages ? Tu plaisantes. Il n'y en a plus.

— Si, si. Des Iroquois authentiques. Vite, dépêche-toi, il faut partir de suite pour être rentrées à l'heure du dîner et du spectacle.

En une seconde, je suis prête et monte dans le *char* tout garni de fourrures. Un ami de Paris ici pour affaire, M. Beaugrand directeur de la *Patrie*, et un avocat de ses amis montent avec moi.

Jeanne, le poète Fréchette, Jehan Soudan et un autre ami nous précèdent. Nos traîneaux glissent sur la neige durcie. Les chevaux agitent gaiement leurs colliers de grelots. Nous sommes bientôt hors de la ville. Des petits hameaux, des fermes avec des pommiers normands aux branches desquels s'accroche le givre. Tout cela semble détaché d'une toile de Th. Rousseau. Au loin, à perte de vue, la route se déroule sous la neige. A droite la montagne, à gauche le Saint-Laurent charriant des glaces qui se brisent dans les *rapides* dont le fracas vient jusqu'à nous.

On arrive ainsi à l'embarcadère, mais hélas! le bateau qui doit nous porter chez les *Sauvages* n'est pas prêt. Peu de gens ont l'audace par ce temps de gelée de traverser le Saint-Laurent. Nous attendons sur la route dans nos traîneaux en déjeunant de sandwichs et de champagne frappé avec le givre qui pend aux branches des arbres. On aperçoit un village penché sur les bords du fleuve, Lachine, nous dit-on.

A l'arrivée des premiers Français, le trajet parut long de la ville à ce point du fleuve. Quelque plaisant donna à l'endroit le nom de la Chine, voulant dire le bout du monde. Le mot est resté.

C'est M. Beaugrand qui nous donne cette explication :

« — Je veux voir, lui dis-je, un de vos Chinois. »

Les maisons, les enseignes rappellent les villages qui entourent Trouville, Dieppe, le Havre. Nous entrons chez un paysan, l'illusion est complète. Tout y est, même l'accent... Surtout l'accent. Dans le plus pur français... normand, une jeune fille répondant au nom d'Hermine nous offre du lait dont la belle mousse blanche, nous fait venir le... lait aux lèvres. On s'en abreuve à la santé de la jeune France, J'avise un piano ouvert avec la partition de la *Fille Angot,* et prie mademoiselle Hermine de nous jouer quelque chose. Elle s'en défend en rougissant disant qu'elle n'ose pas devant des Français de Paris. Soudan a beau l'assurer de notre indulgence; impossible de la décider. Nous partons emportant le souvenir bien vif de cette hospitalité écossaise quoique normande, heureux et fiers d'avoir trouvé le souvenir de notre France si profondément enraciné au cœur de ces braves gens.

Nous quittons Lachine et revenons à l'embarcadère.

Un bac à vapeur, en canadien français un *bateau traversier,* chauffe en nous attendant.

Nous nous embarquons dans nos traîneaux tout attelés, et nous voilà voguant sur le fleuve auprès duquel notre Seine semblerait un ruisseau. D'un traîneau à l'autre les propos se croisent, Fréchette improvise des vers. On fait des charades.

Qu'on se rassure, je ne répéterai pas tous les jeux de mots qui se sont faits en l'honneur de saint Laurent. Jeanne regrette de ne pas être sur le gril. Elle voudrait se chauffer sans griller. Nous poussons des cris joyeux en voyant notre bateau orné d'un énorme éperon pour briser la glace qui couvre le fleuve.

Nous voilà à l'autre rive, on débarque toujours sans descendre de traîneau. Une sorte de mendiant déguenillé nous examine curieusement. Le charretier (nom canadien pour cocher) s'adresse à ce bohémien : « — La maison du chef, mon frère ? »

Impassible, l'homme tourne la tête et s'éloigne très digne, sans répondre un mot.

C'est un Iroquois, un Peau-Rouge ; ainsi nommé sans doute à cause de son teint couleur pain d'épice.

Par bonheur, Fréchette connaît le chemin,

Nos traîneaux s'arrêtent devant une petite maison triste et sale. Nous sommes chez le grand chef.

Oh ! par exemple, pas de couleur locale. Ce sauvage dont le nom se traduit Grand aigle blanc, tient une boutique d'épicerie, où l'on trouve du chocolat Menier qui blanchit en vieillissant, un magasin garni d'un assortiment complet de bibelots indiens, fabriqués rue Quincampoix. J'en choisis quelques-uns destinés à prouver à mes amis de Paris que j'ai été chez les Iroquois.

On nous fait visiter l'église. Les Iroquois sont catholiques. Le catéchisme vient de finir. Sur le maître-autel, profusion de branches de sapin. Le long des murs, le chemin de la croix, grossièrement colorié.

Au milieu du chœur, un énorme fourneau de cuisine pour chauffer la nef.

Dans le village, les maisons sont des cabanes; les habitants semblent n'avoir pas de sexe : les filles ont l'air de garçons et les garçons de filles. Petits visages ronds, yeux ronds, plus ou moins scrofuleux, voilà les Iroquois.

Il y a les sauvages français et la tribu anglaise. Nous avons tout vu. Nous regagnons l'embarcadère, suivis de loin par des bambins curieux.

Nos chevaux nous ramènent dans le bac, et nous traversons à nouveau le Saint-Laurent, suivant la même route pour rentrer à l'hôtel Windsor où je cours raconter à Sarah notre curieuse expédition.

En sortant de chez elle je rencontre un homme qui erre dans les couloirs et me demande « après la comédienne, celle qui joue comme si c'était de vrai ».

Vous connaissez la *Closerie des Genêts*. Vous vous rappelez ce type de paysan breton du dix-huitième siècle, cheveux longs tombant sur les épaules, veste et grandes guêtres. Tel est l'homme qui demande « après Sarah ». Il m'explique qu'il voudrait bien aller au théâtre, mais qu'il « n'a pas de quoi ». Il montre une liste de signatures, en manière de recommandation. En même temps il ouvre un grand mouchoir à carreaux d'où s'échappent douze belles pommes... de Canada qu'il apporte à la comédienne : donnant à entendre qu'un petit coin d'où il pourrait la voir jouer...

Je rentre conter l'aventure à Sarah qui lui fait donner une loge.

Nous nous promettons bien de suivre sur la physionomie du paysan les péripéties du drame.

Montréal tire son nom du Mont-Royal, colline dominant la ville, où l'on a taillé une magnifique promenade, qui est le Bois de Boulogne montréalais. En hiver, les promeneurs sont rares, mais il faut faire l'excursion à cause de la vue superbe qu'on découvre de là.

Toujours en traîneau, nous escaladons la montagne par un soleil radieux qui rend la neige encore plus blanche.

Arrivés au faîte du Mont-Royal, Sarah tout à coup crie au *charretier* : « Arrêtez ! »

Le cocher obéit, nous regardons Dona Sol. Mais avant qu'on puisse y songer, elle relève brusquement les fourrures du traîneau et d'un mouvement soudain elle se laisse choir, nez en avant dans la neige immaculée où se moule en creux la forme fluette de son visage et de son corps.

Nos compagnons sautent dans la neige et cherchent à ramener la capricieuse à son traîneau. Jarett lui fait une remontrance où il est parlé de

« rhume, de représentation manquée, de directeur, de recette ». Sarah lui éclate de rire au nez. « Je veux faire ma photographie. Pas un mot de plus ou je tire une autre épreuve ! » Et elle recommence pour se donner le plaisir de faire trembler son agent.

Nous sommes à la veille de Noël. C'est ce soir le réveillon. En pays français nous n'aurions garde d'y manquer. Partout dans la ville de petites chapelles, au coin des rues, montrent des images naïves, illuminées de cierges primitifs. Les cloches des églises sonnent à toute volée appelant à la messe de minuit.

En qualité de comédiennes réprouvées, notre Noël à nous se borne au souper de réveillon. Convives aimables, table bien garnie, vins de France, c'est plus qu'il ne faut pour faire une soirée agréable. On choque les verres : les Françaises de Paris avec les Français de Montréal ; on boit aux deux patries : à la grande France et à la petite.

Noël, ou mieux la *Christmas* anglaise, est une solennité qu'on célèbre en famille. Attirer le public au théâtre ce jour-là est une entreprise difficile. Nous nous en sommes aperçus. La direction qui veut mettre à profit les dernières vingt-quatre heures que nous avions encore à rester au Canada avait affiché la *Dame aux Camélias* en matinée et

Hernani pour le soir. La recette a été lamentable à ces deux représentations, et tout l'enthousiasme des assistants a été impuissant à consoler l'étoile et son directeur.

Dona Sol, toutefois a eu sa petite compensation.

A la sortie du théâtre, quelques jeunes gens l'ont attendue et quand elle est montée dans son traîneau, se sont mis à lui faire escorte.

Tout à coup l'un d'eux s'est écrié : « Dételons les chevaux ! »

Aussitôt dit aussitôt fait. Voici ces jeunes enthousiastes, — ils étaient environ deux douzaines, — qui détachent les traits, prennent place entre les brancards et traînent Dona Sol après eux jusqu'à l'hôtel. Sarah flattée du succès, n'était qu'à moitié rassurée sur l'issue de l'aventure...

Le 26 décembre au soir, nous quittions Montréal *presque incognito*, emportant le souvenir de cette population française si pleine de cœur, si fidèle, si aimable, d'un enthousiasme si chaleureux.

Je n'ai pu leur dire adieu sans regret.

CHPITRE VIII

En chemin de fer. — Baltimore. — Philadelphie. — Mon Odyssée. — Une heure trop tard. — la colère de Sarah.

Nous avons dit adieu aux glaces du Canada et nous roulons vers le sud à la vitesse de cinquante milles par heure.

Notre train est un train spécial qui nous servira de maison roulante pendant toute la durée du voyage.

Il se compose de trois wagons qu'on appelle ici des *cars*. Le premier est destiné à Sarah et à sa maison comprenant les *managers*, *agents* et domestiques.

Salon agréable dans le jour, fauteuils paresseux, chaises longues, tables ingénieuses, glaces coquettes, piano, tapis moelleux.

Ce petit hôtel de voyage se complète d'une cuisine et d'une cave bien garnie. Le soir de brillants lampadaires éclairent le *palace-car*.

Et lorsqu'elle gagne enfin son lit moelleux, ayant ses serviteurs familiers sous la main, Sarah peut se croire chez elle à Paris, dans son hôtel.

Le wagon, si luxueusement agencé, est baptisé d'un nom particulier : *la ville de Worcester*. Il est loué d'ordinaire à un *club* qui l'a mis à la disposition de notre directeur, pour toute la durée du voyage.

Son propriétaire, un Yankee silencieux, se tient respectueusement dans un coin de la longue voiture. Afin d'expliquer sa présence, Sarah raconte qu'il nourrit pour elle une passion humble. La vérité c'est que notre homme, en Américain pratique, a trouvé l'occasion excellente pour visiter sans payer, tout en surveillant sa propriété, les États-Unis, qu'il ne connaît pas.

Dans le wagon des simples mortels dont je suis, l'agencement est plus modeste et la place mesurée à chacun, mais non pas de cette parcimonieuse façon à laquelle nous ont habitués les wagons des compagnies françaises. Les heures y sont après tout supportables. On y lit, cause, discute. Les nouvelles de notre petit monde s'y commentent comme au foyer d'un théâtre. Il y a les érudits qui

VOL. I.- No. 13   DECEMBER · 8, 1880.   Price 10 Cents.

CHIC

Qu'ai-je donc avalé? un tremblement de terre ou une trombe?

traduisent les journaux du pays. Les joueurs se livrent à de terribles parties de baccarat et de piquet. Les piocheurs *creusent* leurs rôles. Les curieux prennent des notes ou consultent les cartes géographiques. Et plus d'une lettre envoyée à un parent ou à un ami de Paris est griffonnée sur la petite table mobile que le garçon nègre fixe en un clin d'œil au premier désir exprimé par le voyageur.

Les fumeurs sont en dehors sur la plate-forme. Les flâneurs vont de groupe en groupe ou collent leur nez à la vitre pour voir défiler la campagne.

De temps en temps la voix d'un conteur s'élève et les gasconnades où les bons mots volent d'un bout du *car* à l'autre avec les éclats de rire.

De temps à autre, rarement, Sarah vient visiter notre dortoir-salon avec des petites allures de pion de collège.

Mais d'ordinaire elle demeure enfermée avec le jeune premier, répétant avec une ardeur infatigable, et ne trouvant de plaisir qu'à ces répétitions sans relâche.

A la gare de New-Haven, où l'on s'est arrêté cinq minutes, le jeune premier a cru pouvoir descendre un instant. Quand le train s'est remis en marche, nous nous sommes aperçus qu'Armand Duval était resté en route. Il fallait voir le désappointement de Sarah ! On eut toutes les peines du monde à lui faire comprendre qu'un train suivant ramènerait l'égaré à la station de Springfield, où nous nous arrêtions dans une demi-heure, et que ce n'était que partie remise.

Parfois aussi c'est nous qui allons voisiner chez Sarah. On fait de la musique. L'un de nous chante une chansonnette, l'autre une romance, Sarah se réserve pour les ballades... naturalistes. Puis ce sont des charades, proverbes et autres jeux innocents. Il y a les gages pour les maladroits. Les pénitences sont variées, mais assez douces le plus souvent. Il faut bien se montrer bonnes princesses et belles joueuses. Nous n'avons garde d'être très sévères. De sorte que les perdants ne sont pas trop à plaindre.

Dans son coin, le directeur Abbey rumine ses plans et compte ses dollars. Sur un fauteuil, à l'écart, le terrible Jarrett, « le Bismarck des agents » comme l'appellent les gazettes américaines, étudie de près le *Times* de Londres, ou dort d'un œil en feignant d'être sourd à nos propos.

Si nous parlons anglais ? Le moins possible ; j'y ai depuis longtemps renoncé. Le seul mot qui nous soit familier, c'est *all right* qui, dans notre clan, se prononce *collerette*. Il y a aussi *for sale* l'inscription *à vendre* qui se lit à tout bout de champ aux États-Unis et que nous traduisons par l'expression française musicalement semblable, suffisamment justifiée par la couleur des murs sur lesquels s'étalent les affiches.

Quant à Sarah, elle a voulu se persuader elle-même qu'elle allait apprendre l'anglais. Jarrett affirmant qu'elle pouvait gagner un million en revenant jouer ici Shakespeare dans le texte. Elle avait même pris à New-York un professeur qui lui donna deux leçons. La troisième est encore à venir. Mais elle est si bien... douée, qu'elle parlera américain... sans avoir appris l'anglais.

Après une soirée donnée à Springfield où Sarah s'est offert le plaisir bruyant de tirer un canon-mitrailleuse à la célèbre manufacture d'armes Colt, nous reprenons possession de nos couchettes dans le *car*, et tout en dormant nous suivons la voie qui doit nous conduire à Baltimore, capitale du Maryland, cher aux fumeurs et aux faiseurs de mauvais calembours.

Le grand matin nous trouve aux portes de New-York, sur les bords de l'Hudson que nous traversons de façon bien originale. Un énorme bac à vapeur qu'on nomme ici *Ferry-Boat* s'est approché du quai. Sans bruit, sans secousse, notre train glisse sur les rails dont est muni dans sa longueur le pont du bateau. Celui-ci s'avance dans le fleuve.

De nos couchettes, nous voyons à quelques mètres de nous les petites vagues que le vent frais du matin soulève à la surface de l'Hudson.

Nous descendons le courant dans ce singulier transport, passant entre les quais de New-York, sous le gigantesque pont suspendu qui mènera prochainement de Brooklyn. Nous tournons la pointe de l'île sur laquelle est bâti New-York. Nous sommes à présent dans la baie dont les eaux miroitent sous les rayons du soleil matinal.

Tiens qu'est-ce donc ?... On dirait une réminiscence du mal de mer !...

Mais nous avons bientôt franchi le petit bras de mer que fait l'Hudson entre New-York et Jersey City. Nous abordons à la gare de Pensylvanie.

Que les estomacs délicats se rassurent ! Nous sommes sur la terre ferme.

Nous avons perdu du temps, paraît-il, à cet étrange moyen de locomotion. Le train auquel nos *cars* devaient être accrochés est parti depuis une demi-heure. Il a sur nous une avance d'un nombre considérable de milles.

Pour le bien du service et la gloire de la Compagnie de chemin de fer, il s'agit de faire un tour de force devant lequel un chauffeur français hésiterait à coup sûr.

Il faut rattraper au vol le train précédent à force de vapeur et d'audace, s'approcher assez près pour réunir les deux trains en un seul sans s'arrêter.

Du charbon, du charbon, encore du charbon et autant d'aplomb. Sur le ruban des rails polis, nous prenons notre élan ; et alors commence une course vertigineuse.

Les jointures du *car* craquent comme celles d'un vaisseau en mer. La locomotive fume, sue, mugit, les wagons font des écarts semblables à ceux d'un cheval emballé. Nous ne sommes guère rassurés ; mais cette course originale a son vertige. Arriverons-nous ? se dit-on. Et l'on oublie le danger, car il y a danger.

Tout à coup, un hourrah part de la locomotive.

Nous sautons sur la plate-forme. A quelques centaines de mètres, un autre train court sur les rails à toute vitesse. La distance entre lui et nous se raccourcit. Nous ralentissons. Nous y sommes.

Crac ! crac ! Notre cornac a accouplé au vol les deux convois. Un double hourrah accueille cette prouesse.

Nous sommes en vue de Philadelphie...

Ce soir, toute l'Amérique apprendra par le télégraphe les détails de ce tour de force qui va faire une réclame magnifique à notre Compagnie de chemin de fer.

Quatre heures plus tard, nous entrons en gare de Baltimore.

Baltimore est le Naples de l'Amérique. Certains disent Constantinople et trouvent à ses clochers d'église une ressemblance avec les minarets des mosquées.

Cette ville m'a rappelé Bordeaux ou Marseille en hiver.

Par un effet singulier de la belle saison que nous avons, à Montréal, pays du froid et où l'on est organisé contre l'hiver, nous étions dans une étuve permanente, tandis qu'à Baltimore, pays quasi tropical, nous gelons littéralement à l'hôtel et au théâtre.

On nous avait promis que nous trouverions à Baltimore les plus belles femmes de l'Amérique ; le sang créole mélangé au sang saxon, produisant des merveilles, au dire des galants du pays.

Cette réputation n'est pas entièrement usurpée. Jamais, même à Boston, ou à New-York, nous n'avons eu salle garni d'aussi brillantes toilettes. Les loges étincellent positivement du feu des parures de diamants.

Il faut dire que plusieurs de ces loges sont occupées par des dames du monde officiel de Washington venues pour entendre et voir Sarah.

Ce renfort n'est pas inutile pour remplir la salle pendant les sept représentations que nous avons données à Baltimore où le monde est retenu par les préparatifs du premier de l'an.

Le soir de ce jour funeste au théâtre, l'attrait de la *Dame aux Camélias* elle-même est impuissant à lutter contre les joies de famille. Marguerite meurt devant les banquettes.

Après le théâtre, Sarah nous invite à souper : Jeanne, Soudan et moi, auxquels sont venus se joindre deux attachés de la légation française à Washington. Quelques instants nous oublions l'Amérique, les Américains et leurs dollars pour parler de Paris, des amis bien loin...

A minuit, échange de bons souhaits, puis embrassade générale entre voisins et voisines, pour la veine comme on sait.

Le surlendemain, la série des représentations étant close par une matinée, je demande à Sarah de partir pour New-York où je désire passer le dimanche chez la couturière et la modiste. Mon départ précipité de Paris a rendu cette visite nécessaire. Je rejoindrai la troupe à Philadelphie pour jouer la princesse de Bouillon dans *Adrienne Lecouvreur*.

Sarah profite de la circonstance et me charge de commissions pour New-York. Je pars, entraînant avec moi une camarade, madame Sidney et le régisseur, Défossez.

Mes courses faites, je me propose de terminer une emplète, dans une prochaine visite à New-York, pendant le séjour à Philadelphie qui n'est qu'à deux heures de la capitale. Pour le moment il faut partir. Le régisseur est en retard. Sidney veut l'attendre. Quant à moi j'ai trop peur de manquer le train, je saute dans une voiture et file vers la gare.

Mais là, un sérieux embarras se présente. Comment s'expliquer avec tous ces gens qui ne parlent qu'anglais. Je ne puis même pas demander un billet au guichet du chemin de fer.

Quel bonheur, j'aperçois dans la gare un ami, M. Henry Bouché, dont le champagne est très apprécié des Américains en général et de moi en particulier.

— Sauvée mon Dieu ! Je vous emmène, je vous enlève. Vous m'accompagnez à Philadelphie. Jamais je ne saurais arriver toute seule, et sans moi, pas de représentation ce soir.

M. Bouché se laisse convaincre et cinq minutes plus tard nous sommes dans le train. Au moment où celui-ci se met en marche, que vois-je, Sidney, qui lasse d'attendre le régisseur, s'est fait conduire à la gare par un garçon de l'hôtel, ne voulant pas manquer à la représentation dont elle est aussi.

Le *car* est bondé de voyageurs. Nous ne devons d'être assises qu'à l'amabilité de deux gentlemen, qui nous cèdent leurs sièges. Notre compagnon est accroupi sur les couvertures de voyage, à nos pieds. Mais bah! c'est l'affaire de deux heures de patience.

Et nous voilà devisant gaiement des péripéties de notre excursion, d'un incendie monstre auquel nous avons assisté la veille, etc.

En face de moi, un monsieur s'est endormi sur une brochure qui glisse à terre. Tiens ! c'est *Adrienne Lecouvreur !* le libretto de nos représentations.

Plusieurs des personnes présentes vont à Philadelphie pour le spectacle de ce soir.

Eh bien ! voici l'occasion toute trouvée de repasser un rôle précipitamment étudié.

Effet de la brochure : Sidney s'endort à son tour.

Quant à l'ami Bouché, quelques personnes qui m'ont reconnu le croient de la troupe, et l'accablent de questions. On l'entraîne au fumoir, où, après échange obligé de cigares, un voyageur lui offre une belle commission si, pendant la tournée, il peut déterminer Sarah Bernhardt à se servir de telle ligne de chemin de fer dont il est actionnaire...

Tout à coup le train s'arrrête... Il repart et s'arrête encore. Le voilà qui revient en arrière. Que signifie cette navette? On parle d'accident, sans préciser. Un embarras de neige, si fréquent dans ces parages. Rien de grave sans doute...

Un quart d'heure, une demi-heure se passent. Ces renseignements sommaires ne me suffisent pas. Je m'inquiète à la fin de ce retard. Bouché est allé aux renseignements. Je m'adresse au conducteur.

— Qu'y a-t-il donc, monsieur ? quand va-t-on partir ?

L'homme me regarde, sourit, et répond en anglais.

Ma compagne, elle, se plaint de la faim. « Dire qu'elle a des provisions excellentes dans un sac resté aux mains du régisseur ! Peut-être Défossez n'est-il qu'à quelques certaines de mètres derrière nous, dans le train qui nous suit, tandis que notre wagon menace de devenir le wagon de la Méduse ! »

De guerre lasse, elle s'endort pour tromper la faim. Qui dort dîne... Le train ne bouge toujours pas.

La nuit est venue. Je regarde ma montre : six

heures et demie. Nous devions être en gare de Philadelphie avant cinq heures ! La peur me prend. Et la représentation ? Ah ! voici Bouché qui revient.

— Il y a eu un accident grave. Un train a déraillé deux heures auparavant. On déblaye la voie, Il faut en prendre votre parti, vous n'arriverez sans doute pas pour l'heure du spectacle.

— Et moi qui dis le premier mot ! Que faire ? Si encore je pouvais prévenir Sarah, télégraphier ! Manquer une soirée, perdre une recette à cause de moi, je ne veux pas !

Quelqu'un affirme qu'il y a une station télégraphique à un mille de là, dans la neige. Un monsieur se dévoue pour porter une dépêche ainsi conçue :

— « Sarah Bernhardt Philadelphie. Accident train. Voie encombrée. Changez spectacle. »

Malgré tout, je n'ai pas renoncé à arriver. Mon compagnon me servant d'interprète, je fais demander s'il est possible de prendre place sur une locomotive, tous les moyens me semblant bons pour arriver à temps. Mais il n'y a rien à faire qu'à attendre le départ de notre train qui garde toujours la même immobilité exaspérante.

Je descends du train dans deux pieds de neige, en souliers de satin.

Quel spectacle, mon Dieu !

Vingt-cinq wagons les uns sur les autres, défoncés, brisés, hachés, mis en pièces, formant une pile qui s'élève à la hauteur des poteaux télégraphiques. Par une bizarrerie singulière, l'un d'eux est resté debout au sommet de la masse et semble l'aiguille d'une cathédrale. Les blessés et les morts ont été relevés, mais, çà et là, dans la neige, on aperçoit encore des places d'un rouge sinistre. Quant aux marchandises, elles sont répandues sur la voie encombrant les rails d'un monceau de débris.

Mon compagnon me fait remarquer une machine curieuse à l'aide de laquelle se fait le déblaiement. C'est une sorte de locomotive à laquelle sont attachées des chaînes munies de crampons qui entraînent les épaves.

Les Américains, gens prévoyants, ont plusieurs machines de ce genre sur chaque ligne, en vue des accidents très fréquents.

La formidable machine vient de passer à quelques pas de moi. Je n'ai eu que le temps de me jeter dans la neige pour éviter d'être broyée...

Morte de froid et de peur je remonte dans le train, décidée à attendre le bon plaisir de la destinée. Sidney qui s'est réveillée se plaint de la faim. Quant aux voyageurs, ils ont craint un instant de manquer le lever du rideau, puis ils ont fini par se rassurer en songeant qu'*Adrienne Lecouvreur* ne peut se jouer sans la *Princesse de Bouillon*.

Moi, je ne partage pas leur sécurité, en réfléchissant que dans toutes les pièces où je ne joue pas, sauf dans *Hernani*, Sidney a un rôle. Et d'ailleurs, Sarah aura-t-elle reçu ma dépêche à temps pour organiser un changement de spectacle ?

..... Enfin, après cinq heures d'attente mortelle, nous continuons notre route sur la voie déblayée. J'arrive au théâtre à dix heures du soir.

Oh ! mon entrée dans la loge de Sarah.

Sarah sort de scène.

Du plus loin qu'elle m'aperçoit... non, cette colère est intraduisible ; Dieu, les saints, le ciel et l'enfer, elle invoque tout à la fois avec une telle force tragique que j'ai peine à placer un mot d'excuse ou d'explication.

« — Tu n'es pas morte, tu n'as ni bras ni jambe de cassés. Alors tu es impardonnable... »

Phèdre avait si bien fatigué les dieux de ses imprécations que l'un d'eux m'avait pris en pitié et protégé de tout accident.

Pas une égratignure à montrer. C'était à regretter de ne m'être pas trouvée broyée dans le train.

Sarah rentre en scène et l'on me donne des détails. Ma dépêche ne m'a précédé que d'un quart d'heure.

Personne ne s'attendait à rien.

On arrive au théâtre pour *Adrienne Lecouvreur*. Et c'est juste au moment où il vient crier à ma porte la formule sacramentelle : « On commence dans un quart d'heure », que l'avertisseur s'aperçoit de mon absence. Un peu plus, il faisait lever le rideau sans moi. On s'informe, on attend. Sarah qui n'est que du second acte, arrive. Elle s'imagine que je vais paraître et commence à s'habiller. On envoie aux différentes gares. Plusieurs trains sont arrivés de New-York sur d'autres lignes et pas de Colombier.

Elle aura manqué le train. Mais alors, pourquoi pas de dépêche ?

Il faut chercher un autre spectacle. *Hernani ?* Les costumes ne sont pas là.

Phèdre ? Mais, oui *Phèdre*, sœur Jeanne jouera Aricie. C'est une excellente occasion de lui faire reprendre le rôle ; vite, vite, les costumes de *Phèdre*.

Oui, mais, et les artistes qui sont absents. Qu'on les cherche ! On doit se décider. Le public s'impatiente.

Abbey veut faire relâche. Sarah veut jouer. Il y a 20,000 francs de recette.

L'agent d'Abbey fait une annonce pour prêcher la patience et promettre *Phèdre*.

Reste toujours la question des artistes. Thésée est introuvable. Eh bien, on lira son rôle.

Par bonheur, il est du second acte seulement, et finit par arriver juste à temps pour endosser son péplum et sauver la situation.

Moi aussi, j'ai fini par arriver ; on a vu comment !

Mais toute colère, même celle d'une diva, finit par s'apaiser.

La recette d'ailleurs, a été aussi belle que possible et les journaux ayant raconté l'accident, Sarah ne me maudit plus que pour l'honneur.

On a bien parlé d'une amende énorme à m'infliger. Puis, sans doute, on a réfléchi à l'injustice de cette solution et on y a renoncé. Par exemple, ce n'est pas de sitôt qu'on accordera une permission d'absence aux artistes.

Quant à moi, quoi qu'il arrive, je ne prendrai plus jamais le train toute seule.

CHAPITRE IX

A Chicago. — La chambre des mariés. — Les ombres chinoises. Sarah tombe pour la première fois.

Chicago ! Pour le coup voilà l'Amérique telle qu'on se la figure un peu à Paris. Une ville en fer, avec des locomotives qui fument dans les rues, un brouillard à couper au couteau, des fils télégraphiques si nombreux qu'ils cachent le ciel, des banques grandes comme le Louvre, des maisons d'assurances comme le palais de Versailles. Tout cela envahi par 600,000 habitants, des gens qui vont, viennent, pressés, affairés, courant après le dieu dollar.

A la gare d'arrivée, où nous sommes débarqués le 14 janvier au matin, nous avons retrouvé une figure de connaissance. Au lieu du maire et des échevins apportant à Sarah les clefs de leur ville sur un plat d'argent, c'est notre montreur de baleine de Boston qui est venu au-devant de Sarah « par reconnaissance », dit-il, faisant allusion à la rente énorme que lui fait le cétacé honoré de la visite de Dona Sol, par spéculation serait plus exact, car ce montreur de poisson salé compte bien utiliser à Chicago comme à Boston, et pendant tout le temps que la saison d'hiver lui permettra de nous suivre, la présence d'une attraction qui est *le contraste* rêvé pour faire valoir son phénomène.

Nous sommes à l'hôtel *Palmer House*, une caserne colossale de fer et de marbre, grande comme les *Magasins-Réunis* et contenant, dans sa vaste enceinte, des boutiques de toute espèce, tailleur, bottier, pharmacien, en plus des télégraphes, postes, etc. On dirait une petite ville dans la grande.

Partout des ascenseurs cinq fois grands comme les nôtres, montent et descendent sans relâche les habitants de cet immense caravansérail.

Sarah occupe, au premier, l'appartement des mariés, une suite de chambres où sont empilés des meubles d'un odieux et épais luxe de mauvais goût. La chambre à coucher, notamment, ou chambre égyptienne, est garnie d'une profusion de sphinx et de pyramides en bronze doré, dont le propriétaire n'est pas peu fier.

Par une conception singulière du constructeur, cet appartement, situé au milieu d'un grand couloir public, chacune des chambres est positivement sous les yeux des allants et venants. Qu'on entr'ouvre seulement l'une des portes conduisant chez Sarah et la curiosité des amoureux peut se satisfaire sans effort. Je dis amoureux, car ce vaste couloir-vestibule est le quartier général de la *flirtation*.

Du matin au soir et du soir au matin, les fauteuils, canapés, sofas gémissent sous les gesticulations des *flirteurs* en conversation plus moins animée. Puisque je parle de la *flirtation*, je dois dire qu'elle s'étale au grand jour non seulement dans les couloirs et salons, mais dans la salle à manger et jusque dans l'ascenseur de l'hôtel. La chose est dans les mœurs, personne ne s'en étonne, sauf les Européens.

Quand elles sont closes, les portes de l'appartement des mariés ne livrent pas moins traitreusement le secret de la coulisse, grâce aux panneaux vitrés qui laissent passer toute une série d'ombres chinoises, fort réjouissante pour la galerie des indiscrets.

Chaque fois qu'il m'est arrivé d'aller chez Sarah, j'ai trouvé là le même cercle de curieux espions. Sarah avertie s'est hâtée de faire tendre une draperie particulière à la porte de sa chambre à coucher. Depuis lors ce n'est plus l'œil, mais l'oreille, qui fait le guet désormais autour de l'appartement.

Je m'aperçois que je n'ai pas dit un mot de la table depuis que nous sommes en Amérique. Sarah s'est toujours fait servir chez elle. A Albemarle, Vendôme Hotel, à Philadelphie on lui a déniché quelque garçon écorchant un français suffisant pour lui permettre de se faire passer comme un Parisien.

Hélas, le menu est encore plus cosmopolite que le langage. C'est la cuisine allemande qui en fait le fonds.

Mais, pour flatter les instincts tudesques du Jarrett, Sarah dit à tout moment : « Je suis Hollandaise, j'ai tous les goûts de la cuisine allemande. »

D'ailleurs le voyage et l'air pur du nouveau monde ont doué Sarah d'un tel appétit qu'elle a fini, je crois, par prendre les chefs de rencontre de nos hôtels, pour des Vatels authentiques. Elle a su se tailler dans la liste des plats du pays un régime substantiel, qui risque fort de mettre en péril sa réputation de femme éthérée.

Un doigt de vin vieux, une aile de poulet, un verre de champagne, un consommé, quelques huîtres, un biscuit trempé, un doigt de whiskey, etc., chaque heure du jour a son petit réconfortant, excepté celle des repas où il ne reste plus à Sarah que la force suffisante pour se plaindre doucement du manque d'appétit.

Chicago est, comme on sait, la patrie des incendies et des jambons trichinés. A défaut des premiers, qu'il n'est pas toujours possible d'organiser sur commande, on nous a mené voir comment se fabriquent les seconds.

Cette visite a été l'une des incidents les plus... saillants de notre séjour à Chicago.

Dans l'hôtel que nous habitons, demeure aussi le consul de France. Dès le premier jour, il est venu faire une visite à Sarah et lui a demandé l'heure à laquelle elle pourrait recevoir une députation des résidents français.

— Mais demain, à deux heures, si ces messieurs veulent me faire l'honneur de venir, j'aurai le plus grand plaisir à les voir, répond Sarah tout aimable.

Le consul court prévenir nos compatriotes, et à l'heure dite, le lendemain, la députation se présente avec un bouquet et un petit encrier de bronze, présent des résidents français.

— Mademoiselle Sarah Bernhardt? demandent les députés.

— La répétition n'est pas finie et elle n'est pas rentrée, répond madame Guérard. Je l'attends de minute en minute. Si vous voulez bien, messieurs, vous asseoir un instant.

Les visiteurs français prennent un siège et attendent patiemment.

Une demi-heure, une heure s'écoulent. La députation s'impatiente, vient demander si mademoiselle Sarah Bernhardt tardera à rentrer. Quant à la fidèle Guérard, ne sachant que dire, qu'inventer, elle finit par produire une vieille dépêche :

— Mademoiselle Sarah Bernhardt sera désolée, mais elle vient de m'adresser ce télégramme pour vous prier d'accepter toutes ses excuses. Elle prolonge sa répétition et ne rentrera que pour dîner.

Mécontents, nos bons compatriotes l'étaient ; mais ils le furent surtout le lendemain, en lisant dans les journaux la cause de l'absence de Sarah, comme suit :

C'était bien une *répétition*, et tout à fait inattendue qui avait fait manquer à Sarah le rendez-vous convenu.

De Londres, par la dernière marée, un noble visiteur était débarqué à New-York, réclamant Sarah à cor et à cri. On lui indique la route de Chicago, il saute dans un train et le voilà, frappant à la fameuse porte d'entrée donnant sur le vestibule de l'hôtel.

Sarah était à répéter avec le jeune premier. Mais elle sait les règles de l'hospitalité envers les voyageurs.

— Entrez, j'y suis toujours pour vous, crie-t-elle à travers la vitre.

C'était peu d'instants avant l'heure fixée pour la députation que Sarah avait facilement oubliée.

— Vous arrivez à point, dit-elle; ne pensez-vous pas qu'une petite promenade serait à propos? Voyons qu'est-ce qu'on pourrait bien voir à Chicago?

— C'est vous seule que je suis venu voir, dit l'Anglais galant. Toutefois, s'il est un spectacle capable de procurer des inspirations tragiques à une artiste, c'est bien le massacre des innocents compagnons de saint Antoine, que l'on ne voit nulle part aussi bien qu'à Chicago...

— Allons voir le massacre des innocents, dit Sarah. Et se tournant vers le jeune premier : A ce soir la suite de la répétition. Je file. Il y a bien une députation, je ne sais plus quoi, qui doit venir... Mais bah! tant pis, ils reviendront.

On entendait la voix des Français, assemblés dans la salle voisine.

— Ah! ce sont eux; partons vite!

Au moment même où la députation se retirait désappointée, Sarah faisait son entrée dans les fameux abattoirs où a lieu la tuerie si célèbre.

On dirait un immense champ de bataille à mécanique.

Des centaines, des milliers de porcs sont, en quelques minutes pesés, égorgés, échaudés, rasés, découpés, accrochés ou expédiés pour faire jambons, galantines et pâtés.

La chose se fait avec une telle précision qu'en faisant machine en arrière, on pourrait j'en suis sûre recoudre tous les débris et reconstituer les infortunés avant qu'ils aient eu le temps de s'apercevoir du mauvais tour.

Les représentations ont eu le succès accoutumé. Le puritanisme n'empêche pas la curiosité publique, au contraire. Nous restons quinze jours à Chicago, c'est dire que le répertoire tout entier, sera plusieurs fois joué. *Adrienne, Frou-Frou* le *Sphinx* avec le *Passant*. Le soir de la visite aux compagnons de saint Antoine, c'était *Phèdre*.

Sarah, fatiguée par les émotions de la journée, par le grand air de la promenade, et surtout par le travail incessant auquel elle se livre pour devenir maîtresse de son art, Sarah venait de répéter une scène des plus orageuses avec le jeune premier, au moment où elle entra en scène.

Le premier acte se passe, le second; au troisième ce n'est que grâce à l'énergie de sa volonté qu'elle peut achever sa dernière tirade. A la fin du quatrième acte, à la suite de sa grande scène avec OEnone, une défaillance la prend. Elle glisse et s'étend sur le parquet de la scène. Le régisseur et quelques personnes de la coulisse s'élancent au secours de Phèdre, tandis que la femme de chambre de Sarah crie au rideau.

Cependant, l'auditoire croit à un effet prémédité, et malgré l'invasion des habits noirs dans la poésie de Racine, personne ne s'étonne de voir descendre le rideau sur ce qu'on prend pour la fin naturelle de l'acte.

Dans la loge de Sarah, où l'on a transporté Phèdre, se pressent le directeur Abbey, les agents, inquiets. On demande un médecin. Il en vient un à la fin, mais Sarah, qui est déjà revenue à elle, déclare qu'elle se sent capable de jouer le cinquième acte. Et la représentation se termine sans encombre.

Sarah est depuis un instant dans son appartement.

Tout à coup à sa porte se produit un drôle d'incident.

Un monsieur fend les groupes de curieux qui stationnent dans le corridor, en discutant l'événement du théâtre.

Le nouveau venu s'approche de la porte, se préparant à entrer chez Sarah. Mais un autre homme se place devant lui, et lui demande en anglais :

— Que voulez-vous faire, monsieur ?

— Vous le voyez, j'entre.

— Ceci est l'appartement de mademoiselle Bernhardt.

— Eh bien, oui, j'y vais.

— Vous ne pouvez passer, monsieur.

— Madame Sarah Bernhardt m'attend.

— Je vous dis que vous ne passerez pas.

— Vous vous trompez, monsieur.

— Qui êtes-vous donc ?

— Un ami de madame Bernhardt. Et vous ?

— Le secrétaire de M. Abbey. Il m'a placé là pour empêcher les importuns de venir fatiguer madame Sarah Bernhardt. Elle a eu une défaillance ce soir, en scène. Cette pauvre femme se tue et l'on vient encore la fatiguer inutilement.

J'arrivais prendre des nouvelles de Sarah, le visiteur m'aperçoit.

— Chère madame, s'écrie-t-il, dites donc, je vous prie, à cet homme qui je suis, et que Sarah m'attend.

Je reconnais l'ami venu de Londres.

Mais le Yankee ne veut rien entendre.

— J'ai une consigne : personne ne passera !

— Je passerai, dit avec le plus grand flegme le gentleman, haut de six pieds, auquel le ton du factionnaire commence à agacer les nerfs.

Et, froidement, il fait un pas en avant.

Les curieux du couloir se rapprochent, espérant le spectacle d'un pugilat.

Mais voici le valet de chambre, que Sarah envoie pour s'enquérir du bruit fait à sa porte. Il introduit le noble étranger, par une autre porte, jusqu'à sa maîtresse.

Le lendemain première de l'*Étrangère*. La curiosité du public s'est un peu émoussée dans les soirées précédentes. Quant au rôle de Sarah, il semble trop court et les journaux faisant allusion à l'accident de la veille, prétendent que Sarah, *trop fatiguée, a donné son rôle à sa sœur Jeanne.*

Voilà comment on comprend ici les choses du théâtre !

Dans le jour, nous avons voulu faire une promenade. Le seul genre de voiture en usage par cette saison, c'est le traîneau.

Pendant une heure, toutes les sonneries de l'hôtel ont vainement demandé un traîneau aux différentes stations.

Le lecteur connaît, sans doute, le système de sonneries életriques en usage dans tous les hôtels américains. Grâce à lui, il suffit de presser un bouton pour appeler à son choix et sans se déranger, un policeman, un médecin, un commissionnaire, une voiture, ou les pompiers, au choix. Rien de plus pratique. Le système fonctionne dans presque toutes les maisons particulières.

Mais cette fois-ci, toutes les réponses sont unanimes. Il n'y a pas de traîneau libre. Que se passe-t-il donc ?

Nous nous décidons à sortir à pied, affublés de hauts brodequins contre la neige. Eh bien, qu'est-ce donc que tous ces traîneaux vides qui suivent la chaussée au pas et promènent des écriteaux énormes ?

On vient de m'expliquer la chose. Tout cela c'est pour la baleine. Qui veut voir la baleine? disent les affiches ; transport gratuit.

L'impresario fait le maximum tous les jours. Dame ! il n'a pas d'artiste à payer !

A la place de Sarah et d'Abbey, les succès de cette baleine morte m'empêcheraient de dormir.

Enfin, nous avons trouvé un traîneau. La promenade est charmante jusqu'au lac Michigan.

La bise souffle sans relâche depuis quinze jours, et la glace qui couvre la surface de l'eau est épaisse de plus d'un pied.

Mais alors où donc naviguent ces bateaux dont on aperçoit les voiles blanches et qui filent sous le vent, à quelques centaines de mètres du rivage ?

Ah! cela est une curiosité du pays ; ce sont des bateaux à patins, semblables à ceux où Jules Verne embarque Passepartout et son maître, dans leur voyage autour du monde. Il faut s'offrir le plaisir d'une pareille locomotion.

C'est étrange ! Balancée sur la quille d'acier, la coque du bateau suit les oscillations que lui imprime le vent, soufflant dans la voile. On file avec une rapidité vertigineuse qui n'est pas sans charme ni même sans danger, s'il faut en croire les histoires de naufrages que nous racontent nos compagnons.

La neige recouvre la couche de glace et cache parfois de grands trous noirs dans lesquels un seul coup de vent peut vous faire glisser et trouver la mort. Brrrr. Il fait trop froid, rentrons.

Le système des théâtres aux Etats-Unis est ainsi fait, que dans la même semaine une scène peut servir aux usages les plus différents.

C'est ainsi, par exemple, que notre théâtre de Chicago a été loué le samedi pour un *meeting* de tempérance qui s'y est tenu dans le jour. Abbey et Sarah avaient décidé de faire relâche. Pour ne pas perdre le loyer de sa salle, le propriétaire s'est empressé de louer le théâtre à une troupe d'opérette nomade qui devait y jouer *Fatinitza*. Cette succession de locataires amène parfois des incidents inattendus, comme le suivant :

Au plus fort du sermon de tempérance, l'orateur était en train de lancer toutes les foudres de son éloquence contre les buveurs de whisky, et les libertins en général, quand au milieu de la période la plus fièrement ronflante, on entend un bruit irrévérencieux de gens qui enfoncent des clous pour ajuster les décors de *Fatinitza*. Le président du *meeting*, qui croit à l'efficacité de pareils prêches, entre dans une sainte colère. Il va faire une remontrance aux sceptiques sur leur peu de respect pour la parole biblique, et demande que les cloueurs et décloueurs de coulisses soient renvoyés.

Mais ces trouble-sermons ne veulent rien entendre. Ils ont loué ; ils montrent leur contrat. « Nous jouons ce soir. Il faut que notre mise en scène soit prête. » A la fin, de guerre lasse, le chef des tempérants transige,

— Vous pouvez rester, dit-il aux machinistes. Si même vous voulez promettre de ne pas faire trop de bruit, je vous laisserai passer par le fond du théâtre.

Ce qui fut dit fut fait, et les apôtres de la tempérance en furent quittes pour aller fraterniser avec les machinistes au *bar* voisin.

CHAPITRE X

Saint-Louis. — Cincinnati. — Le Mississipi à pied sec. — La petite guerre. — Feu de forêts. — Sarah tombe pour la seconde fois.

Saint-Louis du Mississipi. Nous sommes là depuis cinq jours.

Pour les souvenirs c'est un Montreal du Sud. Quand les Français possédaient le Canada et la Louisiane, cette dernière avait Saint-Louis pour capitale.

Cela explique comment on trouve encore à Saint-Louis tant de Français.

Quel magnifique fleuve que le Mississipi ! Je m'extasiais devant la largeur du Saint-Laurent à Montréal, le Mississipi à Saint-Louis n'a rien à lui envier.

Imaginez la Seine dix fois répétée en largeur. Vous

avez le vieux Meschacébé de Chateaubriand. Sur cette immense nappe d'eau un gigantesque pont de fer fait passer le train. Si nous n'avons pas peur c'est que nous sommes braves.

On s'attendait presque à une réception solennelle à la gare, de la part de la population française; pour une raison ou pour une autre, personne n'est venu.

Sarah commence à trouver que dans ces prétendues villes françaises tout le monde manque un peu à ses devoirs.

Dona Sol est au Linden hotel. J'ai été demander l'hospitalité à la *Maison des Planteurs* où habita jadis Charles Dickens, pendant sa visite aux Etats-Unis.

On ne se douterait guère que nous sommes dans les pays du Sud, où les nègres, presque nus, cultivaient, il y a quelques années seulement, les plantations de sucre, de café et de tabac. La neige couvre la campagne et la glace arrête le cours du Mississipi.

Ma première visite a été pour la *levée*, d'où l'on découvre le fleuve immense, avec ses magnifiques vapeurs, sorte de palais flottants qui descendent le fleuve jusqu'à la Nouvelle-Orléans et où l'on trouve un confortable luxueux, entièrement inconnu aux touristes de France.

Les gens du pays s'efforcent de nous prouver que la saison est d'une rigueur tout à fait inaccoutumée et que d'ordinaire Saint-Louis, en hiver, est une sorte de Nice ou de Pau, bien faite pour attirer les gens de santé délicate.

Ne discutons pas et croyons en silence.

Il n'en est pas moins vrai, toutefois, que j'ai traversé à pied sec, sous le vent du nord, le miroir de glace qui s'étend entre les deux rives ; un mille de chemin. Sarah a fini par céder aux instances de Jarrett, qui tremble toujours pour une extinction de voix funeste à la recette, et m'a laissée accomplir sans elle ce voyage polaire.

Les recettes sont belles, quoique inférieures à celles des villes précédentes, et il n'y aurait aucun incident à noter sans les curés, les bouquetières et les journalistes.

Un prêcheur, averti de l'arrivée prochaine de Sarah, s'est fait l'écho des accusations ecclésiastiques colportées contre l'artiste. Un journal a rapporté le langage insultant de l'orateur pour la comédienne.

Jarrett, qui lit tout ce qui se publie sur le compte de son étoile, a eu connaissance de ce langage peu courtois et a envoyé du papier timbré à l'intempérant pasteur. Diffamation, dommages-intérêts, tout cela a fait peur à l'homme d'Eglise qui, sa-

chant bien la tendresse des tribunaux américains pour les plaintes féminines, s'est hâté de se rétracter dans une lettre publique, désavouant les expressions mises à son compte par les journaux.

Cette petite victoire extrajudiciaire ne peut manquer d'avoir un retentissement salutaire dans toute la presse américaine.

La comédie du *Passant* de Coppée, que j'ai jouée avec Sarah, a donné lieu à un incident comique.

Un des journalistes les plus célèbres de l'Amérique, directeur de *Globe démocrate* de Saint-Louis, avait résolu de profiter de cette occasion pour manifester sa sympathie à l'artiste remplissant le rôle de Sylvia, en lui envoyant un bouquet sur la scène, comme cela se fait dans tous les pays du monde.

J'eus connaissance de l'intention et je ne dissimulai pas au journaliste que, tout en lui sachant gré de sa bienveillance, je ne devais pas lui laisser ignorer une des habitudes de notre direction : les fleurs destinées à une artiste autre que l'étoile, ne verraient pas la lumière de la rampe, mais étaient réservées au huis clos de la loge d'artiste.

Des expériences répétées à New-York, Boston et Philadelphie, m'avaient édifiée sur ce point.

L'écrivain, homme considérable de la politique américaine, ne voulut rien entendre de ces consignes. « On a pu agir ainsi, chère madame, me dit-il, avec les gens ordinaires ; je vous promets qu'on sera plus respectueux envers un bouquet accompagné de ma carte. »

Tout ce que je pus dire pour le faire renoncer à son projet fut inutile.

La soirée se passe, le rideau tombe sur l'*Idylle* de Coppée. Les applaudissements nous rappellent. Sarah et moi nous rentrons en scène pour saluer le public, le rideau se baisse de nouveau, puis se relève une seconde fois sur les bravos.

Sarah dans la coulisse se tourne vers moi.

— Tu sais, je rentre seule, ma chérie. Jarrett m'a fait promettre de rentrer seule.

Et elle s'en fut faire au public sa plus gracieuse révérence.

Nous rentrions dans nos loges, quand un garçon de service arrive dans la coulisse, une magnifique corbeille à la main.

De loin Sarah l'aperçoit, et d'un ton de reproche :

« — Mais ce n'est pas maintenant, c'est tout à l'heure qu'il fallait apporter ces fleurs. Au rappel !... Elle est jolie cette corbeille. C'est dommage qu'on lui ait fait manquer son entrée. »

En même temps elle se penche vers les fleurs, son regard se porte sur une carte qui l'accompagne.

« — Voyons le nom de ce retardataire. »

Elle lit : « A Sylvia M. C. » Et, repoussant violem-

ment la corbeille : « Mais, c'est pour toi, Marie... Pourquoi ne parle-t-il pas cet imbécile. »

Le garçon était un Anglais qui n'avait pas compris un mot. Quant aux fleurs, arrivées à temps, elles avaient été retenues au passage par ordre de l'administration : *lisez Jarrett*.

Le lendemain, M. Mac Callough, directeur du *Globe* n'était pas content tout d'abord. Le récit de l'aventure le fit rire et le désarma.

Ce n'est que pour tenir la promesse que j'exigeai de lui, qu'il renonça au plaisir malin de raconter l'anecdote tout au long dans son journal.

Le *Commercial* de Louisville rapporte en ces termes le récit fait par un de nos compatriotes résident de cette ville, M. Lalande, d'une entrevue qu'il a eue avec mademoiselle Sarah Bernhardt :

« Dans l'après-midi du 22 février, après la répétition, M. Jarrett m'a présenté à l'éminente actrice.

« — Madame, lui dis-je, j'ai une grande faveur à vous demander. — Elle est accordée d'avance, monsieur. — Oserai-je requérir quelques minutes de votre précieux temps ? Je suis professeur de français en cette ville, et mes élèves trouvent ma prononciation claire et distincte. Si vous voulez me permettre de lire quelques vers français, et si vous approuvez mon accent, je m'estimerai le plus heureux des hommes. — Elle sourit gracieusement en m'invitant à commencer, et je lus un passage de Musset. Bravo ! me dit-elle, j'attesterai avec le plus grand plaisir la pureté de votre diction, et le soir même elle me fit remettre par M. Jarrett un certificat on ne peut plus flatteur. »

Sans commentaires, n'est-ce pas !

Avant notre départ de Saint-Louis nous avons eu un joli exemple de la réclame américaine.

Un marchand de diamants est venu offrir à Jarrett, intermédiaire ordinaire de ces propositions, mille francs pour mademoiselle Bernardt et je ne sais combien pour lui s'il déterminait Dona Sol à exhiber dans le magasin du bijoutier les parures, colliers, pendants, bagues, etc., apportés de Paris par la comédienne, et si on le laissait publier qu'elle avait fait chez lui un achat de diamants de 10 mille dollars.

Jarrett a fini par décider Sarah.

— Les Américains, lui a-t-il dit, en outre de leur curiosité satisfaite, seront heureux d'apprendre que vous laissez dans le pays un peu d'argent gagné sur eux ; et ils vous en sauront gré.

On a exhibé ces diamants. Le bijoutier a eu sa

réclame, les reporters, Jarrett et Sarah leur argent, prix convenu.

De Saint-Louis à Cincinnati, le trajet est d'un jour. Nous avons donné trois représentations dans cette dernière ville, qui est la capitale du peuple allemand des Etats-Unis, en même temps que le plus grand marché de charcuterie et de musique de tout le continent.

Les Américains l'ont surnommé *Porcopolis*. Les habitants de Cincinnati, par contre, trouvent leur ville si belle, que le surnom de *Paris de l'Amérique* ne leur a pas semblé trop ambitieux.

Cincinnati a vu des modifications importantes apportées dans la direction de notre troupe.

J'ai parlé de rivalité entre Jarrett, agent de Sarah, et Schwab, agent d'Abbey. Pendant notre séjour à New-York, cette rivalité s'est aigrie, accentuée, mais Jarrett n'a pas tardé à l'emporter sur son concurrent, en se plaignant sans cesse à Sarah des mesures maladroites dont il attribuait l'inspiration au secrétaire d'Abbey, et ne perdant pas l'occasion de mettre sous les yeux de ce dernier la dépense inutile dont la présence de Schwab grevait son budget de frais généraux.

L'agent d'Abbey, d'une autre part, s'est peu à peu désintéressé de l'entreprise et chaque jour il a manifesté son intention de s'en séparer entièrement pour s'éviter les mille petites vexations dont il était victime.

Cette situation tendue a trouvé une solution à Porcopolis.

Un beau matin, Schwab s'est présenté chez son directeur-associé. A la suite d'une explication à l'américaine, ils sont convenus de reprendre leur liberté, et Schwab est parti laissant sa place à un Yankee de Chicago, dont Abbey avait fait son secrétaire factotum, sur la recommandation du partant. Comme toujours, en pareil cas, le protégé a supplanté le protecteur.

Le départ de Schwab a pour résultat de laisser la troupe entièrement sous la main de Jarrett, le seul des *managers* restants qui parle à la fois l'anglais et le français et peut servir d'intermédiaire entre la troupe et le directeur. Mais Abbey se défie de Jarrett et il a pris pour interprète ordinaire le coiffeur de la troupe. De sorte que par cette situation bizarre le véritable lien entre le directeur de théâtre et ses artistes, c'est le barbier.

Il y a bien le secrétaire d'Abbey, un aventurier américain qui a été dit-on garde-chiourme dans une plantation de nègres et espion militaire pendant la guerre. Cet individu a trouvé moyen de se faire passer pour un Parisien auprès de son patron, et se donne comme correspondant d'un journal boulevardier. Le malheur est qu'il ne parle pas d'autre langue que l'anglais de Chicago, idiome absolument inconnu de mes camarades. Dans la troupe on l'a surnommé *l'homme qui se mouche dans son estomac.*

J'ai oublié de dire aussi qu'à Saint-Louis le régisseur de la scène, Défossez, qui a dirigé les répétitions à Paris et nous a accompagnés depuis lors, a repris la route de France pour affaires.

Cette nouvelle organisation nous promet quelques *quiproquos* d'une fantaisie plus ou moins joyeuse qui ne sauraient tarder à se reproduire.

J'ai parlé des fantaisies de la critique américaine.

Voici le plus beau modèle du genre cueilli dans un journal de Cincinnati.

L'auteur voulant se donner un petit air de connaisseur a réuni en quelques phrases tous les mots de langue française qui lui étaient connus ou qui lui sont venus sous la plume, espérant y gagner un vernis de couleur locale.

Cela forme un joli morceau de galimatias qui méritait d'être donné à titre de curiosité comme résumant l'opinion des Américains sur le talent de Sarah Bernhardt.

Les mots en italiques sont les mots français intercalés dans le texte anglais :

« La *force* de la Bernhardt consiste à faire l'assaut de l'auditoire à la première *charge*. Elle abasourdit par son *aplomb* et alors réunissant toutes les forces de son *éclat*, elle produit un *éclaircissement*.

» Cela accompli, l'auditoire est *capturé*.

» Sa voix est *nonchalante* et *recherchée*, possédant tout le *mauvais* de la plus raffinée *espièglerie*.

» Un imperceptible *bon vivant* dans son œil gauche donne une *hauteur* à son regard ajoutant encore au *parlez-vous* de son *déshabillé*.

» Mais c'est dans la *bête noire* finale, quand tous ses efforts scintillent et *bondissent d'effervescence* dans un *grand chevaux de frise* qu'elle est immense.

» En prenant son *sang-froid* naturel et son *élan*, elle pousse un perçant *qui vive*, qui remue tout votre *soi-disant*; vous croyez qu'elle va faire éclater votre *tout ensemble*, jusqu'à ce que vous voyez enfin tout son *homni soit qui mal y pense*.

» Vous fermez les yeux, ouvrez la bouche et finissez par vous asseoir tremblant de joie comme un chien qui ronge un os.

» Quand vous rouvrez les yeux la scène est finie, Sarah Bernhardt a disparu. »

Nous voilà en route pour la Nouvelle-Orléans. Deux jours de chemin de fer : le trajet de Paris à

Vienne, sans arrêt. Mais, depuis que nous sommes sur les grandes routes, nous commençons à nous habituer à ces courses à la vapeur.

Chacun de nous a fait ses petites provisions, de son mieux, selon sa bourse : viandes froides, sandwiches et boîtes de conserves, voilà le menu. Jarrett m'avertit charitablement qu'il est temps de s'y faire, car à partir de la Nouvelle-Orléans ce sera notre ordinaire presque quotidien. Quant à Sarah, grâce aux précautions de son impresario, elle ne s'apercevra guère des petites incommodités du voyage. Le cuisinier de son *car* a garni son fourgon. La cave est au grand complet. Le régime de Dona Sol ne risque pas de subir la moindre réduction. La grande artiste ne sera pas rationnée.

Enfin, nous courons vers les pays du soleil. Il y a assez longtemps qu'on nous promet le paysage du Sud et le climat tropical comme une compensation aux onglées qui ne nous quittent guère depuis un mois.

Sur les routes neigeuses du Canada, dans les brouillards de Chicago et les brumes de Cincinnati on a répondu à toutes nos plaintes par les merveilles de la Nouvelle-Orléans où nous devons trouver, paraît-il, un printemps éternel, des fleurs, des fruits, des robes de gaze, tout un petit paradis terrestre. Quel bonheur ce sera de déposer les lourds manteaux de fourrure, et d'éteindre le poêle suffoquant de notre *car*.

S'il faut en croire les promesses du paysage, tout ce programme pourrait bien se réaliser.

Commodément installés sur la plate-forme grillée du wagon de Sarah, il nous est permis pour la première fois de passer quelques heures au grand air.

D'instant en instant, le soleil devient plus chaud. On se montre les forêts qui vont verdissant un peu plus à chaque nouveau mille.

Au lieu d'un ciel terne, sur lequel se détachent les troncs d'arbres noircis et dépouillés, qui sont comme autant d'abandonnés sur l'immense plaine de glace que nous n'avons pas quittée jusqu'à présent, en place des maisons de briques sales, des usines sombres à cheminées interminables, où toute une population de pauvres gens fourmille dans une activité fébrile, nous commençons à voir notre horizon se colorer au lever du jour, et s'empourprer au coucher du soleil. Ce ne sont plus que petits villages de bois, cases de l'oncle Tom habitées par des nègres demi-nus, et quand nous traversons les hameaux, la cloche de notre locomotive attire toute une nuée de négrillons joyeux courant nu-pieds autour des portières.

Pour la première fois, nous avons le concert des

oiseaux. L'usine du Nord fait place à la bucolique des champs de tabac et de coton.

A la bonne heure, voilà ce que j'appelle voyager! Pour peu que cela coutinue, nous finirons peut-être par gagner la terre promise des forêts vierges, des citronniers, des orangers et des cocotiers aux branches desquelles se balanceront les ouistitis de Robinson Crusoé...

Je suis tirée de cet accès de rêvasserie sentimentale par un spectacle inattendu. Dans la pièce qui forme antichambre au *car* de Sarah et sert de cabinet de travail au directeur Abbey, à travers la vitre, j'aperçois les hommes de la troupe qui entrent un par un, prennent sur une table un revolver luisant, et disparaissent avec des airs de conspirateurs.

Qu'y a-t-il donc? Va-t-on jouer un drame militaire, la *Prise de Pékin?*

Oh! c'est bien plus drôle! Il paraît que nous allons avoir une bataille pour de bon. Un avis, reçu à Cincinnati du chef de la police, a fait savoir à Abbey qu'une bande de coquins veulent profiter du passage de notre train dans les solitudes du Kentucky ou de l'Alabama, pour nous attaquer, piller la caisse et enlever les diamants que Sarah est supposée promener avec elle depuis la fameuse exposition faite à Saint-Louis. Un détective spécial est engagé par Abbey et restera avec nous jusqu'à la fin du voyage.

Oh! mais cela devient tout à fait amusant! C'est le voyage autour du monde dans tout son beau, cette fois-ci. Il paraît tout de même que les craintes sont très sérieuses. Ce ne serait pas la première attaque de train dont on aurait entendu parler dans ces régions. Mademoiselle Aimée, je crois, a été victime d'une aventure de ce genre.

Et tenez, voilà que nous sommes armés jusqu'aux dents. Notre petite troupe a un petit air farouche tout à fait réjouissant. Ceux qui n'ont pas de revolver ont reçu un casse-tête semblable à ceux dont sont armés les *policemen* de New-York et de Chicago.

Sarah a sorti de son étui une magnifique arme de luxe.

J'ai reçu pour ma part un joli revolver à six coups. On s'arrête en pleine forêt.

Est-ce le moment de l'attaque?

Abbey descend suivi de ses secrétaires. L'un d'eux, place un débris de bois mort contre un arbre. Pif! paf! C'est la petite guerre. Il s'agit seulement d'essayer son adresse.

Quel dommage qu'il n'y ait pas des prix de tir! Nous aurions tous des médailles.

Oui, mais ces belles prouesses vont faire peur à l'ennemi. Nous sommes remontés dans notre train à dix heures du soir et pas un brigand n'a montré le bout de son nez. Il faut aller se coucher sans faire parler la poudre, c'est vexant. Enfin, l'on se rattrape en rêvant d'un abordage.

Du charbon, du charbon! Nous ne marchons pas, nous volons en attendant qu'on nous vole. Je m'endors. Le train s'arrête. Je m'éveille et saute sur mon revolver. Ce sont les pirates!... Hélas! non, mais c'est aussi curieux. Le wagon aux bagages est en feu. Les boîtes des roues, pleines de graisse, se sont allumées par la vitesse de notre allure. Quelques seaux d'eau et le feu est éteint. On se rendort, la nuit s'achève. La journée se passe. Aucun incident...

A la nuit, nous rentrons dans la forêt.

Tout à coup de deux côtés, de grandes lueurs nous éclairent, formant autour de nous un cercle de flammes immense, qui s'élancent vers un ciel sanglant.

La forêt brûle sur plusieurs milles d'étendue. Le spectacle est si merveilleusement superbe qu'il n'a rien de terrible. Et notre train court au milieu de la fournaise en secouant son immense panache de fumée.

Voilà de vraies émotions, et vivent les voyages!

Mais l'incendie s'éloigne et nous sommes de nouveau dans la nuit noire.

Le train se ralentit, s'arrête; nous sommes en gare de *Mobile*.

Sarah se mettait à table pour dîner sur le quai, une députation, le consul en tête, avec un bouquet et un compliment.

« — Une députation! s'écria Sarah, qu'on me laisse dîner tranquille; dites que je n'y suis pas, que je suis malade, que je suis morte. Jarrett, mon petit Jarett, dites-leur tout ce que vous voudrez; mais, pour Dieu! que je ne les voie pas! »

Et elle se lamente, elle crie, tamponne ses yeux de son mouchoir, se frappe le front du poing fermé, et tombe enfin dans une violente crise de nerfs.

Pas de chance, décidément, les députations françaises et les consuls.

Deux heures du matin; nous sommes en gare de la Nouvelle-Orléans. Un vrai déluge. Ce n'est pas de la pluie, ce sont des cataractes. La voiture qui me conduit à l'hôtel nage jusqu'au moyeu des roues.

CHAPITRE XI

La ville du Croissant. — Cinq minutes plus tard. — Venise en Amérique. — Déceptions. — Les créoles. — Ali Gaga. — Mobile. — Sarah tombe pour la troisième fois.

Je suis réveillée par les cris de la rue : « Du lait ! Du bon lait ! »

Je me frotte les yeux, c'est un rêve.

« Charbon ! charbon ! » Je cours à la fenêtre.

En face de moi, de l'autre côté de la rue un écriteau : « maison à louer ». Sur la maison une plaque : « rue Bourbon ». Une boutique porte une enseigne : « Pharmacie ». Je suis en France !

La rue est sous l'eau. Gonflé par des pluies torrentielles, le Mississipi a rompu ses fameuses digues. Une crevasse s'est formée unissant le fleuve et le lac Pontchartrin au-dessus de la ville qui menace d'être submergée. Nous sommes tombés dans un désastre public.

On m'apporte un journal imprimé en français, l'*Abeille de la Nouvelle-Orléans*. Il m'apprend que nous avons échappé à un accident horrible.

Cinq minutes après le passage de notre train, un pont immense qui traverse la baie Saint-Louis à une demi-heure de la Nouvelle-Orléans s'est effondré sous les vagues d'une mer furieuse.

Dans la ville, les ruisseaux sont des rivières, dans les grandes avenues coulent de vrais torrents qui charrient des débris, tonneaux, meubles, etc. Jamais la Nouvelle-Orléans n'a mérité comme à présent le surnom de Venise de l'Amérique que lui donnent parfois ses habitants. On dit aussi ville du Croissant, à cause de la courbe que forme le Mississipi devant le port.

J'ai voulu sortir pour aller au théâtre. C'est une barque qu'il aurait fallu prendre.

Les hôtels sont peu confortables. Trois fois j'ai fait transporter mes malles d'une maison à l'autre, espérant trouver un endroit convenable. Les maisons américaines m'exaspèrent. Quant aux maisons françaises, elles sont impossibles et abordables, seulement, pour les millionnaires. En revanche, on y est aussi mal que possible.

Sarah a bien fait de résister à toutes les sollicitations et de continuer de vivre à l'américaine.

Moi je me suis laissé entraîner au plaisir d'aller

vivre chez des compatriotes ; mal m'en a pris. Quand j'ai voulu mes costumes d'*Adrienne*, j'ai demandé mes malles. Un garçon m'a conduit à la cour de l'hôtel. Mes malles nageaient dans deux pieds d'eau.

Après un quart d'heure employé au sauvetage de ces étranges épaves, ma femme de chambre ouvre la première caisse.

Horreur ! Soies, satins, gazes, crêpes lisses tout cela forme une masse informe, une affreuse bouillie.

Les chapeaux. Oh ! les chapeaux ! A leur place, il n'y a plus que des tampons de toutes couleurs. Les carcasses de tulle gommé sont dégommées, les fleurs en pâte, les plumes défrisées, piteuses, ruissellent comme les branches d'un saule pleureur, faisant des fils bleus, verts et jaunes, combinés dans la plus horrible mixture. Un costume mauve a déteint sur un autre blanc crème.

Mes pauvres costumes !

Pour toute excuse, le maître de l'hôtel m'a répondu *que c'était* la pluie.

Depuis deux jours que nous sommes arrivés, le déluge n'a pas cessé. Les bas quartiers de la ville, qui sont habités par les Français, sont dans l'eau jusqu'au premier étage des maisons. Plusieurs se sont effondrées. Il y a des centaines de gens sans abri !

Voilà qui est loin du tableau enchanteur que je m'étais fait de cette Louisiane tant rêvée !

Les représentations se ressentent d'un telle calamité. On a joué *Frou-Frou* et *Phèdre*. L'unique salle possible, la salle d'Opéra étant occupée par la troupe d'Emilie Ambre, nous jouons dans un petit théâtre dont la haute société ne prend pas facilement le chemin.

Le lendemain de notre arrivée, un comité des premières dames créoles s'est présenté à l'hôtel Saint-Charles, où habite Sarah, pour lui remettre un bouquet et une adresse de bienvenue.

Soit mépris, soit indifférence, ces dames n'ont pu pénétrer jusqu'à Sarah. Jarrett a reçu à sa place bouquet et compliment, pour lesquels le remerciement est encore à venir.

L'impression a été désastreuse dans une population toute française qui se préparait à faire de son mieux les honneurs de sa ville à la tragédienne parisienne.

Un jour après, a eu lieu l'exhibition ordinaire du salon artistique. Très peu de monde y a assisté.

On avait été choisir le plus malencontreusement du monde une arrière-boutique pour salon, et les tableaux, marbres, bronzes, brillaient par leur absence, égarés qu'ils étaient en quelque coin de gare avec une partie des bagages.

Sarah s'est rendu compte de l'impression produite et s'est trouvée souffrante juste à point pour ne pas jouer *l'Étrangère* qui était affichée.

On sait que les gens du Sud sont assez malmenés par Dumas dans cette comédie. L'indisposition, d'ailleurs, n'a rien eu de grave, car le lendemain Sarah jouait sans trop de fatigue apparente, les deux rôles si lourds de *Frou-Frou* en matinée, *la Dame au Camélias* le soir.

Nous avons fait en barque le tour de la ville inondée. Quelle désolation! Quel spectacle!

Une immense plaine couverte d'une eau limoneuse. Çà et là des maisons éventrées, comme fondues, de toutes parts les pauvres gens déménageant un mobilier misérable. Au milieu de tout cela des gamins, des négrillons, de vieilles mulâtresses pataugeant dans l'eau, voguant d'une maison à l'autre sur une porte ou un volet transformé en radeau improvisé.

La municipalité fait distribuer des secours qui forment d'étranges convois de bateaux portant aux plus nécessiteux des vivres, du pain, des vêtements, recueillant les gens sans asile.

Mais on comprend qu'il y a plus de misères qu'on n'en peut secourir. Il faut solliciter la charité publique par quelque moyen puissant. Les dames créoles se mettent à la tête d'un mouvement et commencent une agitation ayant pour but d'organiser une grande soirée à bénéfice.

On fait appel aux artistes présents à la Nouvelle-Orléans. Emilie Ambre promet sur-le-champ son concours et celui des camarades.

Quant à Mademoiselle Sarah Bernhardt, elle se contente de faire répondre que son directeur Abbey ne lui permet pas de jouer.

Pas de chance, décidément, les Français d'Amérique !

Aussi dans cette Louisiane où l'on avait prédit à Sarah un public enthousiaste, hélas ! pas le plus petit bouquet.

Je me trompe.

Un compatriote, pensant frayer le chemin aux fleurs qu'il me destinait, a fait précéder sa corbeille d'un bouquet adressé à Sarah. Mais il s'est heurté à une inflexible consigne; et mes fleurs ont attendu dans un coin la fin du spectacle. Ma femme de chambre a pu, seulement alors, me les apporter dans ma loge.

Les eaux se retirent quelque peu. Je puis enfin accepter quelques-unes des nombreuses invitations dont nos compatriotes néoorléanais assiègent les artistes français.

La première promenade qu'on ne peut manquer de faire faire aux voyageurs est la visite de la *levée*, où fument sans cesse de magnifiques bateaux-palais faisant le service du haut Mississipi et qui sont à ce fleuve merveilleux ce que les *palace cars* sont aux voies ferrées.

Le coup d'œil sur le port est vraiment merveilleux.

Partout ce sont des nègres chargeant ou déchargeant les marchandises en chantant des airs du pays, d'une mélodie monotone.

En face de la ville où sont près de trente-cinq mille Français descendants de Gascons et de Provençaux, se trouve de l'autre côté du fleuve, le pays d'Alger indiquant suffisamment la préoccupation des colons de conserver les souvenirs de notre Méditerranée.

J'ai fait aussi une excursion au lac Pontchartrin.

Comme tout ce pays doit être enchanteur dans la belle saison !...

Çà et là des citronniers, des lauriers-roses, des orangers, des palmiers nains, et toute une collection d'arbres verts.

Mais ce qui est tout à fait digne du voyage, ce sont les chênes à mousse, aux branches desquels pendent de longues barbes grises, dont on fait le crin végétal.

Quant aux cocotiers et aux forêts vierges, on m'explique que tout cela n'existe que dans l'imagination des romanciers.

En place, il y a des marécages d'où sortent les germes de la terrible fièvre jaune.

Dans toutes ces excursions, nous rencontrons des négresses, mulâtresses, quarteronnes, tout un peuple de gens de couleur, depuis le bois d'ébène le plus foncé jusqu'à la peau quasi blanche.

C'est plaisir que d'entendre tout ce monde-là parler créole et vous appeler : « *pitite française* ».

La principale curiosité pour une Parisienne, c'est le *Marché français* situé sur le port.

Le dimanche matin les élégantes y vont faire un tour après la messe accompagnées des *beaux* de la ville.

On dirait un coin de quelque marché du Levant.

Des piles de melons pastèques, des bananes, des oranges dorées, des cocos, et toute la gamme des fruits et des légumes colorés. Au travers de tout cela, se mouvant parmi les étalages, les faces noires des marchands nègres ou des domestiques grimaçant, montrant leurs dents blanches, avec mille contorsions, en prenant à témoin tous les saints du paradis de l'excellence et de la fraîcheur de leurs denrées.

Les négresses à turban, à grand cabas, se font

remarquer au milieu du brouhaha, par leur patois traînard et leur démarche nonchalante.

Quelques-unes sont fort jolies, et plus d'une regrette le temps de l'esclavage où elle aurait pu être élevée au rang de servante-maîtresse par quelque riche planteur.

Dans un coin isolé sont de vieilles Indiennes, accroupies à terre, offrant aux passants, silencieusement, des herbes à la vertu magique. Ces pauvres femmes au visage tanné, aux cheveux droits et noirs, sont les derniers descendants des anciens Indiens Chactas que Chateaubriand a connus.

A part ces bohémiennes silencieuses, tout le monde dans le marché parle français, les enseignes au-dessus des logettes des marchands ne sont pas rédigées dans une autre langue. Et depuis six heures du matin jusqu'à dix heures, tous les cris qu'on entend là sont empruntés à l'ancien vocabulaire des halles de Paris.

Si nous étions dans la belle saison, on me conduirait voir les plantations de cannes à sucre et de coton. Il faut y renoncer.

Dans la ville même, la seule visite curieuse est celle que j'ai faite à une presse à coton.

Une machine à vapeur met en mouvement une énorme mâchoire d'acier garnie de dents, qui viennent s'emboîter dans une sorte de table fixe. Il suffit de faire pression d'une main sur une manivelle, la vapeur monte, le marteau s'élève entre deux montants jusqu'à un premier étage, et des nègres cependant introduisent une énorme quantité de coton épluché qui se roule dans des bâches. Un mouvement de la manette, le marteau descend, saisit le coton dans ses serres puissantes, et crac, d'un seul coup la balle est faite.

Comment cette masse énorme de coton brut a-t-elle pu être réduite à ce mince volume ? Des ouvriers aussitôt font passer des rubans d'acier sous la bâche et en un clin d'œil ficellent la balle.

Le directeur de la presse, M. X***, fait faire sous mes yeux une petite balle miniature aux initiales M. C., qu'il me prie d'emporter comme souvenir.

La société créole. Oh ! toute charmante ! Là, comme au Canada, on a conservé les bons et vieux usages de France.

La dernière guerre a causé bien des ruines et détruit bien des fortunes anciennes, en réduisant les plus grandes familles aux plus dures nécessités.

Mais le charme de l'éducation raffinée, les goûts délicats, hérités du siècle de toutes les élégances, tout cela a persisté comme tradition parmi nos créoles de la Louisiane, qui sont encore les Parisiens de l'Amérique. Et, quand M. Scribe a inventé son *hospitalité écossaise*, c'est qu'il n'avait pas fait le voyage de la Nouvelle-Orléans.

Par malheur, l'émigrant allemand envahit ce beau pays avec ses saucissons et sa bière, et, peu à peu, disparaît devant lui notre beau langage français sur les bords du Mississipi.

Ce dernier fleuve est un peu à la Louisiane ce que le Nil est à l'Egypte. Dans les immenses marécages qui couvrent les trois quarts de sa surface, on trouve les mêmes crocodiles qui, pour n'être pas sacrés, n'en sont pas moins intéressants.

On les nomme ici des *alligators*. Quelques-uns qui ont dix pieds de long, se nourrissent volontiers de nègres, voire de blancs, quand l'occasion se présente.

En revanche, les nègres en mangent la chair coriace, pour leur rendre la politesse, sans doute.

Il y a aussi les petits que les curieux d'histoire naturelle font courir dans leurs jardin comme des tortues en liberté.

Sarah voulut en avoir un, auquel on donnait le nom d'Ali-Gaga. C'était le favori de la diva. A table, au théâtre, au lit, il la suivait partout. — Sarah l'avait pris en amitié sans doute à cause de ses dents pointues et de son mauvais caractère.

Par malheur, Sarah s'est obstinée à nourrir Ali-

Gaga avec du lait et du champagne. Il n'a pu se faire au régime, et finalement il en est mort.

Ils ont pourtant la vie dure, à ce qu'il paraît, ces intéressants amphibies. Le brave homme qui en fait commerce à la Nouvelle-Orléans m'assure qu'il en envoie souvent en France enfermés dans des boîtes simplement. Tout le temps que dure le voyage, une quinzaine de jours, l'animal ne prend aucune nourriture. Je veux en faire l'essai et envoyer des petits *ali gagas* comme souvenir à mes amis et connaissances.

Sarah Bernhardt a clos ses représentations à la Nouvelle-Orléans, par la *Dame aux Camélias*. A la même heure, Emilie Ambre chantait la *Traviata*. Cette coïncidence a quelque peu nui au succès des deux étoiles.

On a répété, à la Nouvelle-Orléans, un mot qui avait été dit à Chicago :

« Un séjour moitié moins long eût largement suffi. »

L'avant-veille un souper intime avait réuni chez moi Emilie Ambre, son mari et quelques artistes français. Je cite le fait d'un souper à la française parce que je crains bien de n'avoir pas à mentionner le pareil de quelque temps.

Nous quittons les Français d'Amérique pour retrouver les Yankees et je laisse la Nouvelle-Orléans sur un regret.

Nous partons en bateau ; les trains ne marchant plus à la suite de la rupture du pont de la baie Saint-Louis.

Le merveilleux voyage !

Nous traversons par un soleil splendide ce joli lac Pontchartrin, dont les rives sont bordées de cyprières verdoyantes aux longues barbes mousseuses. Quelques amis m'ont accompagnée, et parlent avec enthousiasme de ce pays enchanteur quand viennent les mois de printemps.

On nous montre au passage Mandeville et ses bords charmants où, sous les ombrages des grands chênes verts, viennent danser et courir les amoureux.

Notre joli petit steamer longe la rive suivi par une bande de mouettes et de goëlands qui volent dans notre sillage.

Puis, quittant le lac, nous suivons quelque temps la poétique rivière du Saint-John, enfin nous arrivons à une station de chemin de fer.

Mais cette route est loin d'être directe, il nous a fallu faire un long détour et nous avons dû perdre six à huit heures.

Au lieu d'arriver à Mobile comme le comporte l'itinéraire, vers trois heures de l'après-midi, nous n'entrons pas en gare avant huit heures du soir.

Depuis la veille, le chemin de fer n'a fait qu'amener dans la ville des voyageurs venus pour assister à la représentation annoncée pour ce soir-là.

Il faut renoncer, je n'ai pas besoin de le dire, à cette première représentation. On se rattrapera demain avec le spectacle de la *Dame aux Camélias*...

Il est dit que Mobile n'aura pas de chance avec Sarah Bernhardt !

Nous sortons de la représentation de la *Dame aux Camélias*.

Crise de nerfs, spectacle interrompu, argent rendu au contrôle. Voilà le bilan de cette soirée épique.

Mobile est une ville de 60 mille habitants. Par malheur, les troupes dramatiques ou lyriques ne s'aventurent guère aussi loin, aussi n'y compte-t-on qu'une pauvre salle de théâtre incapable de rivaliser avec celles des grandes villes que nous avons déjà visitées. Il y bien une autre salle plus convenable, mais un tragédien américain l'a fait louer à l'avance afin de jouer à Sarah le mauvais tour de l'empêcher de s'en servir.

Lorsque l'agent d'Abbey a voulu sous-louer la salle on lui a répondu qu'elle était retenue.

— Mais vous ne jouez que dans huit jours ?

— C'est vrai, mais je ne donnerai pas la salle.

On en est venu aux mots et l'explication s'est terminée par un pugilat dont les journaux font gorges chaudes.

Quoi qu'il en soit le tragédien, l'emporte sur la comédienne et si c'est empêcher Sarah de faire recette qu'il a espéré, avouons qu'il a réussi. Voici comment :

Force a été de se contenter de la salle qui reste libre.

Vient l'heure de la représentation. La scène est grande comme un mouchoir de poche. En étendant les deux bras de toute leur longueur, on pourrait toucher en même temps les deux portants.

— Ce n'est pas un théâtre cela, c'est un guignol, s'écrie Sarah.

On connaît le commencement du premier acte de la *Dame aux Camélias :* Marguerite Gauthier va souper chez elle.

Au moment de se mettre à table, elle congédie de Varville, un soupirant qui a le don de l'agacer.

Ce soir-là, Sarah s'adressant à Varville, lui dit :

— Je vous garde à souper ; il y a assez longtemps que je vous mets à la porte tous les soirs à la même heure. Ce soir je vous garde... au moins nous allons rire.

En effet, Sarah voyant nos têtes étonnées, part

d'un grand éclat de rire ; nous faisons écho en nous mettant gaiement à table.

Sarah continue la plaisanterie, s'étend dans une sorte d'improvisation sur les mérites de Varville. Celui-ci remercie de son mieux. Mais voilà toutes les répliques bouleversées. On tient tête quelque temps à Sarah, pourtant à la fin les réponses deviennent si comiques et la situation jure tellement avec le texte, que nous ne pouvons tenir notre sérieux.

Le rire monte, devient nerveux, saccadé. Sarah finit par quitter la scène dans un paroxysme d'hilarité, se précipite vers sa loge, d'où le bruit de sa gaieté arrive au public. Nous cherchons à soutenir la situation, mais l'absence de Sarah se prolongeant, je demande le rideau. La toile tombe après cette étrange sortie. Le public n'a rien vu et croit peut-être encore que le premier acte se termine par cette fantaisie.

Dans sa loge, Sarah rit toujours, son rire s'exaspère. La voilà qui crie, maintenant. Elle pleure, frappe sa tête contre les murs, puis elle se calme tout à coup et se rhabille en costume de ville.

Abbey accourt.

— Qu'y a-t-il ?

— Dites-lui que je suis malade.

— Va-t-elle jouer le second acte ?

— Jouer ! ah ! bien oui ! Dans cette cage à poules ! Jamais de la vie !

— *All right,* répond le Yankee sans broncher, mais devenu subitement blême.

Sarah a repris ses nerfs ; elle ne crie pas, elle vocifère. Quelqu'un vient dire qu'on l'entend de la rue.

On est allé chercher Jarrett qui s'ingénie à calmer son étoile.

— Je vous en prie, madame, on dit dans le public que vous avez une crise hystérique Calmez-vous de grâce... Rachel a joué dans des granges, et il faut vous attendre à des salles encore plus misérables. D'ailleurs, la recette est belle, douze mille francs.

Le nom de Rachel et le chiffre de la recette font faire la grimace à la grande artiste. Mais, elle s'est entêtée. Elle ne jouera pas.

Il faut se décider à rendre l'argent au contrôle.

La foule, désappointée, s'écoule en commentant l'aventure.

Les habitants de Mobile ne verront pas Sarah Bernhardt, qui doit se remettre en route le soir même.

CHAPITRE XII

Tribulations et misères. — Règlement de compte. — Un souper de cent francs dans les neiges. — Utilité des détectives. — A toute vapeur.

Mobile marque dans notre voyage le terme extrême, la dernière étape de ce qu'on pourrait appeler la première tournée.

Jusque-là nous ne nous sommes pas sensiblement écartés de la ligne des grandes villes. Les voyages ont été l'accessoire, et nos séjours suffisamment longs nous ont permis de nous reposer des fatigues de la route.

A partir de Mobile, notre existence change.

Le confortable qu'on peut, en somme, trouver dans les grandes villes, en y mettant le prix, et toutes les petites commodités de la vie d'Europe, nous échappent.

Nous sommes condamnés au *car* à perpétuité.

Partir le matin ou dans la nuit, voyager cahotés, six, dix, douze heures durant ; arriver au théâtre, déballer, jouer en mettant les répliques doubles, puis emballer à nouveau et reprendre le train après le spectacle pour recommencer le lendemain.

Voilà notre existence quotidienne dans sa fatigante monotonie.

De temps à autre, le train a deux, quatre, cinq heures de retard.

Mais, dira-t-on, à ce régime, quand peut-on dormir, manger et se reposer? Ah bien oui ! Il ne s'agit guère de cela ! Nous sommes les forçats du dollar.

Il faut courir après la recette, de ville en ville, de théâtre en théâtre. Le *car* est notre maison, notre chambre à coucher, notre salle à manger, notre boudoir, etc.

Depuis que Schwab, l'agent d'Abbey, nous a quittés, évincé par ses rivaux, il n'y a plus que Jarrett, comme intermédiaire entre le directeur et la troupe. Les réclamations pleuvent, mais qu'importe. Les artistes se plaignent sans cesse de l'abandon complet dans lequel on les laisse, sans indication, sans guide, au milieu d'un pays étranger, parmi des visages qui changent tous les jours.

Une fois c'est l'omnibus qu'on a oublié pour nous conduire du théâtre au chemin de fer : il faut se résigner à camper dans la gare avec les valises et les bagages de main, jusqu'à près de deux heures de la nuit.

Une autre fois, il est interdit de descendre dans les buffets et chacun de nous a épuisé ses vivres de campagne.

Nous vivons de conserves, de sandwiches, de biscuits, de sardines.

Qu'on n'oublie pas que l'hiver est rigoureux, que nous ne sortons de la neige ou de la glace que pour tomber dans la boue et le dégel.

Quand nous avons le bonheur de trouver des chambres retenues pour nous dans un hôtel, il est généralement impossible d'obtenir un repas, l'heure de la table d'hôte étant passée : ce qui n'empêche pas de payer les prix fantastiques convenus entre l'agent et les hôteliers.

Sarah, bien entendu, n'a pas à souffrir de tout cela.

Grâce à son *manager*, Adrienne a toujours « bon souper, bon gîte, et... le reste ». Elle concentre chaque jour davantage sa vie dans l'intimité restreinte de son *car* réservé.

En dehors du jeune premier nul ne l'approche...

Il y a d'ailleurs les pièces nouvelles qu'on attend dans les grandes villes où l'on doit revenir et qu'il faut monter tout en courant. Le jeune premier avait proposé les *Diables noirs*, de Sardou, mais Sarah n'a pas trouvé le rôle de Fargueil assez sympathique pour elle, et l'on s'est décidé pour la *Princesse Georges*.

Tout le temps que Marguerite ne donne pas à l'étude avec Armand, elle le passe dans son lit, à préparer ses effets ou à se reposer.

Jouer tous les jours et deux fois par jour quelquefois, c'est beaucoup, assurément; mais, à bien prendre, la vie que mène Marguerite Gauthier à Paris est autrement fatigante.

Par comparaison, sa campagne d'Amérique pourrait passer pour un temps de repos.

Pensez donc! les heures douces et calmes du *car!* Pas de peinture, de sculpture! Impossible de monter à cheval, de recevoir les visiteurs, amis ou... fâcheux! Pas de préoccupation, et avec cela, beaucoup d'argent, un cuisinier qui lui sert à sa fantaisie, n'importe quel plat, simple ou recherché, froid ou chaud.

Si elle perd cette occasion d'engraisser, c'est à désespérer!

Le thermomètre des recettes est au tempéré fixe, résultat un peu inattendu, si l'on songe que nous ne jouons qu'une fois dans chaque ville, que les frais de salle sont minces et les prix de billets très élevés, enfin qu'il n'y a ni droit d'auteur, ni droit des pauvres à payer.

Aussi Dona Sol se plaint-elle à chaque instant de ne pas aller à la Havane, où on lui faisait des propositions, et en Californie où elle eût retrouvé peut-être l'enthousiasme des populations parlant le français.

Et de fait, il convient d'avouer que la période des bouquets et des bravos est bien loin.

On vient voir Sarah simplement parce qu'elle est l'attraction à la mode. Souvent la toile se baisse sur le dernier acte sans un rappel.

Sarah, n'ayant pas le choix, a pris le parti d'en rire et de s'applaudir elle-même dans la coulisse en riant : « Il y en aura au moins un ! »

Par malheur, cela commence à se répéter un peu trop souvent pour les nerfs de la diva.

De même les comptes rendus des journaux ne sont pas toujours tendres après notre départ. Plus d'un critique villageois ne craint pas de manifester, avec une ingénuité naïve, sa déception et même son « regret » de la dépense.

Telle est la vie monotone que nous menons.

Et sans les incidents que nous devons à l'originalité de nos compagnons de voyage américains, on n'aurait rien d'intéressant à relater, mais ils viennent rompre de temps à l'autre l'uniformité de nos journées.

C'est ainsi qu'un beau soir, nous avons eu le spectacle gratis d'un assez joli pugilat dont les journaux ont fait le sujet de toutes sortes de plaisanteries.

On se rappelle les deux agents secrétaires d'Abbey.

L'un d'eux porte depuis peu le titre pompeux de caissier. Un caissier fait volontiers des comptes. Donc, un soir, le caissier comptait avec l'autre secrétaire.

Il faut croire que les comptes étaient embrouillés, une altercation s'ensuivit.

Nous allions nous endormir; tout à coup, nous entendons des cris.

Tout le monde se précipite vers le carré des *managers*. Les caissiers réglaient à coups de poing. L'un d'eux brandissait un revolver; l'autre avait le sourcil fendu et le visage ruisselant de sang.

Attirée par le bruit, Sarah était accourue en costume de nuit. Bravement elle se jette entre les belligérants, comme les Sabines entre Romains et Sabins.

Les petits journaux ont fait de l'affaire plus d'un

récit amusant. Et l'incident nous a occupés pendant quelques heures.

Tout cela ne nous empêche pas d'arriver à la centième que nous donnons à Memphis le 18 février.

Sarah avait depuis longtemps promis un petit Balthazar intime, pour ce grand jour. Mais nous voyageons à si grande vapeur que le vent emporte toutes les promesses, petites et grandes.

Et puis nous sommes entrés dans la phase des économies.

Louisville, Colombus, Dayton, Indianopolis, nous traversons en courant toutes ces villes et beaucoup d'autres, égrenant notre répertoire monotone promenant notre ennui et notre dyspepsie d'hôtel en hôtel, de théâtre en théâtre.

A Saint-Joseph du Missouri nous avons eu le régal d'un bal indigène improvisé à l'hôtel par les gens de l'intérieur, venus pour voir jouer *Camille*.

Nous rentrions après la représentation, quand en regagnant nos chambres nous voyons les couloirs envahis par les quadrilles.

Ces braves gens dansaient les *lanciers* de 1855, se croyant le plus fermement du monde à la mode de Paris de 1881.

Nous n'avons pu, on le pense, fermer l'œil de toute la nuit.

Dans la journée, nous allons visiter le fleuve superbe par un froid sibérien. Nous rencontrons une jeune fille parlant le français. Elle nous dit tout le plaisir qu'on attend du passage de la troupe française.

— Nous avons eu la troupe de Carlotta Patti, dit-elle, mais on n'a pu jouer parce que la chanteuse était ivre.

Dans ce pays-là on n'admet d'autre indisposition si ce n'est celle de l'ivresse.

Nouveau défilé de villes : Lœvenworth, Quincy, Springfield. Le départ de cette dernière ville mérite un souvenir.

Nous avions gagné la gare à la fin du spectacle, et après de longues heures d'attente, par un froid de loup, nous avions pu retrouver les couchettes de notre car.

Quant à Sarah, son *sleeping* prêt en permanence, lui avait, dès le premier moment, donné abri contre le froid et la faim.

On venait de se coucher, nous nous préparions à dormir du sommeil du juste, quand, après des sauts et des arrêts nombreux, le train reste tout à fait immobile. Sans doute nous sommes arrivés, car on nous a dit que le trajet serait de courte durée, et qu'il était de toute inutilité de se munir de vivres pour la route.

Ah! bien oui! le jour se lève et nous voyons clairement que nous sommes pris dans la neiges, lesquelles forment des montagnes, des coteaux, des vallons à perte de vue, devant nous. Nous attendons immobiles; les heures passent. Tout à coup, à l'extrémité de la courbe que fait la tranchée, dans la masse de neige, je vois déboucher une locomotive à l'œil sanglant. Nous devrions être en gare depuis longtemps; le train qui vient croit la voie libre. Nous allons bien sûr être broyés.

Et je me recommande à tous les saints du paradis...

Je suis brusquement tirée de mon monologue par la locomotive qui arrive sur moi, et vient s'arrêter à quelques pouces de la plate-forme, de laquelle nous épions l'horizon.

Cette locomotive venait à notre secours.

Des hommes en descendent avec des pelles et des pics pour déblayer le chemin.

Nous sommes en vue de Chicago. Il n'est pas loin de dix heures et nous devons jouer *Frou-Frou* en matinée. Onze heures, midi sonnent, nous sommes toujours *en panne*, attendant que les travailleurs aient fini de nous frayer passage. Enfin, la route est libre, la locomotive de secours pousse notre train, celle qui est en tête le tire, et nous voilà de nouveau en chemin.

Les artistes n'ont toujours pas déjeuné, mais Sarah s'ingénie pour sauver la recette encore possible. Nous voyons arriver dans notre *car* le maître d'hôtel de Sarah, chargé de conserves, dinde, sardines, perdreaux, café, Sarah a dévalisé son garde-manger.

Nous arrivons à deux heures et demie, nous volons au théâtre, nous déballons nos costumes, nous nous maquillons en cinq minutes, et à trois heures et demie, devant un public, prévenu du retard par une annonce, nous commençons le premier acte de *Frou-Frou.*

Personne n'avait bougé de sa place. La recette était sauvée !

Le soir, à huit heures, sur la même scène, on jouait la *Dame aux Camélias* presque devant les banquettes.

Nous reprenons notre route et les journées se succèdent toujours les mêmes, jusqu'à Bradford où nous arrvions le 17 mars.

Voilà un pays curieux. On y compte sept mille habitants. Examinez une carte d'Amérique, vous y chercheriez en vain le nom Bradford. La ville ne date que de deux ans ; elle a surgi de terre un beau matin comme par enchantement.

Cette ville offre une particularité bien extraordinaire. Les maisons, les rues sont éclairées avec le gaz naturel que fournissent les entrailles mêmes du sol.

On fait un trou dans la terre noirâtre, on introduit un tuyau de conduite et on allume. On a de la sorte un bec de gaz.

Les maisons sont en bois. Les rues, ah ! les rues ! Deux pieds de boue noire comme l'encre. J'y ai perdu un soulier de satin.

Il faut dire qu'on avait oublié, cette fois encore, de nous envoyer chercher par l'omnibus.

La troupe, on le conçoit, n'était pas contente.

Ces incidents, au reste, se renouvellent trop souvent. Jamais, depuis trois semaines, nous n'avons pu savoir à temps si nous reprenions les trains après le théâtre ou si nous couchions dans la ville.

On voit d'ici l'avantage. L'on a simplement déposé sa valise dans un restaurant. On croit partir.

Après le spectacle, le régisseur avertit qu'il faut chercher un hôtel et il est minuit.

Ou bien le contraire, on croit faire séjour, on a pris une chambre à l'hôtel. Après le spectacle, on part. Il faut quitter l'hôtel et payer :

Bien mieux, on ne fait pas toujours la dépense du *spleeping car*.

Les artistes qui craignent de voir l'administration prendre l'habitude de cette économie, se révoltent à la troisième répétition de cet oubli, et menacent de ne pas aller plus loin. On parlemente, quelqu'un souffle à Abbey que les troupes en tournée en France ne voyagent le plus souvent qu'en seconde.

Soit! mais quelle différence dans les voyages d'Amérique.

Chez nous, on dort au moins dans son lit, et les voyages ne dépassent jamais quelques heures de chemin de fer.

Et puis le *spleeping car* est ici dans les mœurs. Il n'y a que les émigrants qui voyagent autrement. Pour faire cesser toutes ces mesquineries, Sarah n'aurait qu'à dire un mot. Mais elle ne souffre pas de tout cela, commodément installée dans son *car*, entourée d'un confortable très suffisant, elle aime mieux taxer d'exagération toutes les réclamations qui lui sont adressées.

Et puis, la direction, n'est-ce pas un peu Sarah, sinon Sarah toute seule ?

Nous reprenons notre course vagabonde et traversons successivement Tolédo, célèbre par sa *Lame*, journal quotidien ; Cleveland, où nous répétons *la Princesse Georges*, que nous devons jouer à Boston dans trois semaines.

Cette répétition a même donné lieu à un incident bien fait pour montrer l'ignorance des journaux américains en fait de théâtre.

C'était un dimanche soir, nous lisions les rôles. Quelques reporters se faufilent dans le théâtre et se figurent que nous répétons *Frou-Frou*, que nous devions jouer le lendemain. Ils s'empressent de publier un compte rendu anticipé, où il est dit que nous jouons de piètre façon. Quant à Sarah, elle est très inférieure à toutes les étoiles américaines qui ont joué le rôle.

Simplicité.

On se rappelle le *détective* que nous avons dû prendre avec nous à Saint-Louis, pour protéger les brillants de Sarah et la recette d'Abbey. Ce porte-respect nous a servi pour la première et dernière fois à Pittsburg, dans les circonstances que voici :

La ville est dominée par une colline où conduit un chemin de fer à ficelle. Nous y allons faire une promenade afin d'embrasser le panorama de la ville qui est fort beau.

Jarrett, indisposé par le froid, n'ayant pu servir d'escorte à Sarah, comme d'ordinaire, le fameux détective avait reçu ordre de suivre à distance.

Nous voilà donc sur la hauteur quand Sarah découvre je ne sais quelle baraque de photographe forain.

— Nous allons faire nos portraits en groupe, s'écrie Dona Sol.

Elle commence avec sa sœur Jeanne, et le jeune premier, puis toute seule. Après la pose, le photographe fait comprendre que l'épreuve est mauvaise et le cliché gâté.

Un soupçon traverse l'esprit de Sarah.

— Je veux voir le cliché, dit-elle.

Elle pense au contrat Sarony.

Si cette mauvaise fantaisie photographique allait lui rapporter un procès. Si le photographe ambulant allait violer le privilège Sarony et vendre, lui aussi, des portraits de Sarah Bernhardt !

L'homme se défend de son mieux. Sarah alors fait signe à son détective qui accourt, pénètre dans la baraque et bouleverse tous les instruments, à la recherche du malencontreux cliché.

Le photographe dont Sarah a deviné la pensée, se voit compris ; il saute sur la plaque de verre et d'un tour de main, efface l'image encore humide. Puis, triomphant il s'adresse au *détective :*

— Vous voyez que j'ai dit vrai, il est hors d'usage.

Nous continuons à passer la plupart de nos nuits en wagon, cahotés sur des rails mal équilibrés. Peu dormir, mal manger, voilà notre lot. Quand nous arrêtons c'est pour descendre tantôt dans un hôtel, qui est presque un palais, tantôt dans un bouge infect, qui est pire qu'une prison. Ce n'est pas le palais qui coûte le plus cher. Et puis cette cohabitation de vingt-cinq personnes dans un vaste dortoir, commence à devenir désespérante.

Nous avons pour nous diriger un des secrétaires d'Abbey qui a, je crois, surveillé, une plantation de nègres et veut commander les artistes comme un garde-chiourme, le revolver au poing.

Plusieurs fois les artistes ont dû se révolter, une fois ou deux on a pu craindre une émeute.

Quant à Sarah, elle est venue chercher des dollars, elle les a eus. 600,000 francs en cent représentations, ce n'est pas laid. Elle va tâcher d'atteindre le million.

CHAPITRE XIII

Les chutes du Niagara-Chamounix. — Petit *Frou-Frou*. — Le baiser de paix. — Les *Rapides*. — L'eau qui brûle. — Les mystères de l'annonce. — Ministère d'huissier. — Poisson d'avril.

Erié et Toronto sont bien les deux plus charmantes petites villes que nous ayons encore visitées en Amérique !

La première a donné son nom au lac superbe, véritable océan d'azur limpide, sur lequel courent les milles bateaux légers de la chanson de Mignon.

Quant à Toronto, avec ses jolis cottages enfouis sous les arbres, elle m'a rappelé Saint-James ou le Parc des Princes en hiver.

Nous quittons Toronto pour Buffalo où nous arrivons un dimanche à six heures du matin. Le temps a été calculé de façon à nous donner ce jour-là pour visiter les chutes du Niagara situées à une heure de là. C'est une gracieuseté de notre directeur, M. Abbey qui nous offre cette partie de plaisir.

Nous prenons le train des chutes, que l'on atteint en longeant les bords charmants du lac Erié, dont les eaux miroitent au soleil. A huit heures, nous sommes dans la petite station des chutes. Nous nous partageons en trois voitures. Dans la première, Sarah, Jeanne, le jeune premier, Jehan Soudan, et moi. Après nous, vient l'administration, Abbey en tête. Jarrett a trouvé qu'il fait trop froid pour cette excursion. Et d'ailleurs il ne donnerait pas une guigne de toutes les chutes du Niagara ! Une troisième contient les femmes de chambre et le domestique de Sarah. Et maintenant, en route pour les cataractes, situées au bas du village.

Le Niagara ! Il n'y a ni phrases ni périphrases pour dépeindre l'impression grandiose que l'on éprouve dans la contemplation de ce spectacle. Tout ce qu'on en pourra dire restera au-dessous de la réalité... J'ai vu le Niagara ! et fatigues, ennuis, tracasseries mesquines, tout est oublié !

La première vue qu'on a du Niagara est prise d'une sorte de plate-forme aménagée au flanc du ravin gigantesque où s'engouffrent les eaux, et d'où l'on domine la chute.

Quel spectacle magnifique !

Les eaux précipitées avec une violence incalculable, s'écroulent tout à coup dans un vide de 150 pieds de profondeur.

Poussée par une force irrésistible, la masse énorme des eaux tombe, avec un fracas assourdissant, écume et rebondit en nuage que la brise d'hiver pousse vers le ciel.

Un escalier a été creusé dans le roc. Pour faciliter la descente aux touristes, les Yankees ingénieux ont installé dans les flancs même du roc, un chemin de fer russe, ou wagon à ficelle, qui nous amène au fond de la tranchée, à deux cent cinquante pieds plus bas.

Nous suivons un étroit couloir bordé des deux côtés par des cabines où l'on vient, dans l'été, prendre des douches. Nous gravissons un court escalier, dont les marches, semblent taillées dans la glace, tant celle-ci est épaisse.

Nous sommes au pied de la cataracte.

Entre la nappe d'eau et nous, se dresse une colline de glace. Soutenus par des guides, nous partons à l'assaut de ce Chamounix en miniature. L'ascension n'est pas commode. Le froid piquant a durci la glace. La pente est raide. Ils faut s'aider les uns les autres. Ouf ! nous y sommes.

La chute est à trois mètres de nous. On dirait

qu'elle se précipite sur nos têtes. Une nuée blanche d'eau en poudre monte dans l'air pour retomber en pluie. La place n'est pas tenable. Les bains froids ne sont pas de saison. Ils faut redescendre.

Mais l'opération est plus délicate encore que la montée. Enfin, prenant son courage et sa jupe à deux mains, Sarah s'assied sans façon sur la glace et se laisse glisser. Tout le monde l'imite et nous arrivons au bas de la colline tordant nos vêtements alourdis par l'eau.

Nous avons vu la plus petite des deux chutes, la chute américaine.

Le chemin de fer à ficelle va nous ramener sur la terre ferme, quand nous voyons arriver des visiteurs. Ce sont les camarades. On veut leur montrer le chemin, on retourne en arrière, et les ascensions comiques recommencent.

J'ai oublié, je crois, de mentionner parmi les « accessoires » qui voyagent avec nous la fille de l'habilleuse, gamine de cinq ans qui joue le rôle de l'enfant de *Frou-Frou* et que nous avons baptisée « le petit *Frou-Frou* ».

Le petit *Frou-Frou* était avec sa mère. Sarah l'aperçoit, vient la prendre par la main et l'entraîne vers la colline de glace. L'enfant n'était pas bien rassurée. Mais Sarah :

« — Tu sais que pour être mon fils il ne faut pas avoir peur. »

Petit *Frou-Frou* se laisse conduire.

Mais il faut se hâter si nous voulons tout voir. Nous disons au revoir aux camarades et reprenons la ficelle, nous arrêtant un instant pour jouir du coup d'œil du haut de la plate-forme.

Les artistes ont fait la chaîne pour grimper au sommet du cône ; de temps à autre l'un ou l'autre perd l'équilibre et voilà toute la chaîne qui s'agite, se tend, et repêche le maladroit. Sarah me fait remarquer cette chère S***, qui a bien de la peine à se faire à ce nouveau genre d'exercice. Accroupie dans sa fourrure, se traînant, peureuse, sur les mains, on dirait de loin un de ces ours bruns de carnaval. L'effet est des plus grotesques.

Grelottantes de froid malgré l'enthousiasme, sous nos robes mouillées, nous sautons dans les voitures qui nous entraînent vers un hôtel où nous attendent un grand feu et un déjeuner fort bien entendu.

Le grand air, le mouvement, le froid vif, la joie de l'excursion nous ont donné faim. De longtemps nous n'avions fait un tel festin, égayé de joyeux propos et d'éclats de rire.

L'hôtelier avait ouvert sa maison, contrairement au préjugé religieux du dimanche, et Sarah l'en remercia de son mieux, caressant et embrassant le fils de son hôte, bambin de quatre ou cinq ans.

— Est-ce que vous m'embrasseriez si j'étais grand ? demanda à Sarah le petit bonhomme.

— Certainement oui, si tu étais aussi gentil que maintenant, répond Sarah. Et toi ?

L'enfant lui rendit son embrassade.

Un journal racontant l'incident le lendemain, terminait par cette réflexion intelligente : « Et le baiser pur de cet enfant, fut comme le rachat des souillures de cette femme ! »

Pour hâter la digestion, nous allons descendre à présent sous la grande chute, la chute canadienne. Un escalier interminable, taillé dans la glace nous ramène sous terre. Il faut nous cramponner à la balustrade pour ne pas tomber à chaque pas. La glace en se formant a créé des monuments gothiques, d'une architecture extraordinaire. On nous habille de caoutchouc des pieds à la tête, on arme nos talons d'un éperon de fer, et nous voilà partis sous l'œil paternel d'Abbey qui tremble pour le spectacle du lendemain.

L'enthousiasme nous reprend : c'est superbe ! C'est effrayant ! La glace forme dôme sur nos têtes. Je veux m'appuyer pour enjamber une crevasse... une grosse pierre se détache sous ma main.

L'eau, en se cristallisant par l'action du froid, a formé d'immenses girandoles de toutes formes, aux facettes desquelles s'accrochent des rayons de lumière irisée.

Il faut s'arracher à cette contemplation.

En nous revoyant vivants, Abbey jette vers le ciel, représenté par le toit de l'escalier, un regard de gratitude qui veut dire : « Merci, *my God !* de l'avoir sauvée des os » je me trompe « des eaux ».

Nous remplaçons par nos vêtements nos costumes de chercheuses de perles, et nous revenons à l'hôtel ou les voitures attendent la fin de l'excursion.

Nous avons encore à voir les « rapides », les îles et les différentes sources.

Du chemin qui longe le lac au-dessus de la chute canadienne, nous avons le spectacle des « rapides », ou brisants, une scène presque aussi grandiose que celle de la cataracte même. Le vacarme des eaux est assourdissant. Le navire que le courant entraînerait, serait mis en pièces sur-le-champ, par la puissance des tourbillons.

Une suite de légers ponts suspendus nous donnent accès dans les petites îles, très rapprochées les unes des autres, où se trouvent les sources. L'une d'elle est la source sulfureuse, qui brûle.

Elle est située chez un marchand de curiosités du pays qui vend comme souvenir des objets indigènes, oiseaux empaillés, bois pétrifiés, etc.

On nous fait entrer dans une chambre sans lumière, au milieu de laquelle, dans le sol, est creusé une sorte de puits d'où sort un grand tube de fer.

On approche une allumette de l'extrémité du tube, une grande flamme en jaillit. C'est une eau sulfureuse qui contient du gaz.

Mais, chose étrange, on passe son doigt sur le tube, la flamme ne vous brûle pas. On met son mouchoir sur le tube ; à travers la batiste, passe le gaz, qui éclaire sans brûler le mouchoir. On jette dans le puits une allumette une flamme s'élance et brûle comme celle d'un bol de punch, pour s'éteindre aussitôt qu'on cesse d'agiter l'eau.

J'ai bu une gorgée : odeur et goût de l'eau d'Enghien.

Après avoir fait provisions de bibelots comme souvenirs de cette excursion, nous repassons au plus vite par les cataractes, que nous saluons une dernière fois, et nous rentrons à la gare, où nous retrouvons dans le *car* les camarades déjà installés pour le retour.

Syracuse, rien d'Archimède : le chemin de fer

y roule librement à travers les rues sans souci des passants, hommes et chevaux, que la cloche de la locomotive est chargée d'avertir.

Nous sommes ici en pleine région antique.

Il y a des stations qui s'appellent Utique, Homère, Troie, et, cahin-caha, nous nous rapprochons ainsi de Boston, qui nous apparaît, à nous autres, comédiens errants, comme une terre promise.

Pensez donc, huit jours d'arrêt dans notre course vagabonde !

Huit grands jours, pendant lesquels on parlera d'autre chose que de l'heure des trains, pendant lesquels on échappera à ce supplice quotidien du voyage en *car* ; huit jours, pendant lesquels on pourra espérer s'asseoir dans des fauteuils et dormir dans des lits, sans avoir la crainte de s'éveiller trop tard pour l'heure du départ !

Nous y sommes enfin à Boston !

Cela fait plaisir de retrouver un pays civilisé et des visages de connaissance.

Les journaux ont donné la traduction des quelques lettres que j'ai envoyées à l'*Événement* et l'opinion que j'ai exprimée sur Boston a paru beaucoup flatter ces braves gens.

Le *Boston-Globe*, je crois, ne manque pas de me rendre politesse pour politesse et termine ainsi un petit bout de paragraphe bienveillant : « Revenez-nous, Marie ! Revenez-nous ! »

Pourquoi pas ?

Depuis que nous sommes en route, poursuivant notre roman comique à travers l'Amérique, nous nous sommes souvent trouvés en face de curieux procédés de réclame dont je n'ai pu parler.

La vie américaine tout entière est basée sur la réclame, aussi en fait d'annonces et d'affiches ce pays est-il sans contredit le plus grand de tous.

Les rues des grandes villes sont généralement encombrées par des distributeurs de petits papiers qui, pour attirer l'attention, s'ingénient en costumes plus étonnants les uns que les autres.

Il y a l'homme-sandwich, revêtu d'un écriteau sur la poitrine et d'un autre sur le dos.

Parfois il marche en file une douzaine de gens vêtus de cet étrange costume.

D'autres portent des oriflammes rouge vif ou vert pomme. J'ai vu, à Saint-Louis, deux nègres vêtus identiquement de même d'un costume de gentleman, bleu de ciel, et se promenant avec des chapeaux où était peint à l'huile le nom d'un marchand de cirage.

Il y a encore les Indiens peaux-rouges, distribuant

des prospectus en costume de guerre, ou des Turcs à turban débitant des drogues.

La vue du passant est de toute part attirée par d'immenses affiches de couleurs voyantes qui sont parfois placées de la façon la plus inattendue.

Des toiles peintes sont tendues entre les maisons au-dessus des têtes, obstruant la vue vers le ciel, et dans la campagne, le long des murs, sur les arbres, les rochers les plus inaccessibles, le long des voies ferrées, l'œil fatigué ne saurait se poser ailleurs que sur des appels de ce genre, dont quelques-uns sont légendaires aux Etats-Unis.

Mais cela c'est l'annonce directe qui ne vaut que par la répétition et la quantité. Il en est une autre dont les commerçants américains usent avec une grande habileté.

Un homme, une femme, occupent-ils l'opinion publique d'une manière ou d'une autre ? Aussitôt il se trouve quelque industriel pour donner son nom à un produit, une invention et ce procédé réussit souvent auprès du public.

Il y a aussi les excentriques, depuis cet honnête bottier qui avait collé un prospectus de sa maison sur le corps encore chaud d'un pendu, jusqu'à ce marchand d'habits de San-Francisco qui vint trouver un jour le célèbre acteur Booth, et lui proposa dix mille francs pour intercaler dans une tirade d'*Hamlet* une phrase disant que sa maison était au coin du quai.

Booth eut le mauvais goût de refuser.

On comprend que bien des commerçants aient songé à utiliser le retentissement fait autour du nom de Sarah pour le bien de leurs petites affaires. Toutes les personnes de l'entourage de la diva sont à chaque moment sollicitées par les marchands de toute sorte, qui espèrent obtenir ainsi la faveur de coller le nom à la mode sur leurs étiquettes.

Jarrett et quelques autres font, grâce à cela, de bonnes affaires.

L'un des grands couturiers de Boston est venu offrir à Sarah de lui faire un costume pour lequel il ne réclamait en payement que le droit d'annoncer qu'il avait l'honneur d'habiller Sarah Bernhardt.

Celle-ci ne voulait pas entendre parler de la chose, mais Jarrett, séduit par les nuances vives des étoffes, s'est déclaré chaudement pour le fournisseur.

Il a été si éloquent, il a donné de si bonnes raisons que Sarah a accepté. Le costume était superbe : brocart crème, garni de blonde de soie. Et le marchand, depuis lors, s'intitule orgueilleusement fournisseur de mademoiselle Sarah Bernhardt.

Braves gens.

Quant à Jarrett, son bon goût a été récompensé par un beau cadeau.

En revanche, et pour continuer la tradition des couturières françaises de New-York, un costumier français, établi à Boston, étant venu faire à Sarah ses offres de service et ayant reçu la commande d'une robe de chambre pour *la Dame aux Camélias*, s'est empressé de présenter à Sarah une facture de 2,500 francs.

Sarah en offrit 1,500 francs qui furent refusés.

Mais voici qu'un matin se présente à l'hôtel Vendôme un *shériff* (lisez huissier) qui frappe à la porte et somme mademoiselle Bernhardt d'avoir à payer sur-le-champ ou de le suivre... en prison. Il fallut s'exécuter. Mais avouez qu'on n'y va pas de main-morte dans ce pays-là.

J'ai la bonne fortune d'être adressée à Parker-House. On m'y fait oublier facilement les mélanges compliqués de la cuisine américaine, grâce à l'excellent chef français de cette maison hospitalière, où je trouve dans la bibliothèque de l'obligeant propriétaire, des livres, des journaux français, sans parler des autres complaisances dont les hôtels américains m'ont depuis longtemps déshabituée.

Les représentations se traînent. Notre premier séjour a épuisé la curiosité. Peut-être même eût-il été plus sage de ne pas revenir à Boston, et d'aller visiter quelque autre ville nouvelle où Sarah aurait eu le prestige de l'inconnu. Par bonheur le prix des places est si élevé qu'avec une demi-salle on fait encore une assez belle recette.

On devait donner, dès le surlendemain de notre arrivée, la première de la *Princesse Georges*. Mais Sarah ne s'est pas cru encore assez sûre de ses effets et a préféré reculer cette épreuve jusqu'à notre soirée d'adieu à Boston. La pièce a été reçue avec succès.

Le 1er avril Sarah s'offre l'innocente plaisanterie d'une petite mystification de rigueur.

Nous manquions de nouvelles de France, le courrier arrivant toujours après notre départ dans chacune des villes où nous ne faisions qu'un court séjour. Nous étions donc tous plus ou moins dans l'attente de lettres. Que fait Sarah? Elle rassemble de vieilles enveloppes qu'on recolle, qu'on maquille et une distribution générale de lettres est annoncée.

Jugez du désappointement de chacun en trouvant sous l'enveloppe à la place des nouvelles attendues une feuille de papier blanc avec ces mots : « Poisson d'avril. »

A mesure que nous approchons de la fin du voyage, l'intérêt s'en va. L'administration sait de moins en moins trouver l'emploi du temps. Notre

départ a été fixé au 4 mai. C'est un mois encore à passer en Amérique. Il faut l'utiliser.

En quittant Boston, nous allons jouer à Worcester, ville du voisinage, puis nous retournons à Boston pour aller jouer à Providence et le lendemain à Newark. A cette navette, deux soirée ont été manquées ; on a fait relâche.

Le 9, nous sommes à Washington. J'en profite pour aller voir le Capitole ou palais du Congrès et en face, tout au bout de l'avenue de Pensylvanie, la Maison-Blanche où habite le président.

Washington est une ville triste, comme morte, aux rues larges. Heureusement que les résidents européens y forment une société supérieure à toutes celles des autres villes d'Amérique. Les monuments, et ils sont nombreux, ressemblent quelque peu à des gâteaux de Savoie; le palais du Congrès et celui du président sont des modèles de mauvais goût dont les gens du pays sont très fiers. Mais aussi le fleuve magnifique dont la ville est entourée comme d'une ceinture, est d'une largeur considérable et d'une beauté incomparable, qui fait à la capitale des Etats-Unis une situation exceptionnelle.

Les dames de Washington sont généralement jolies, bien que, pas plus que leurs sœurs de New-York ou de Boston, elles n'aient encore pu apprendre de leurs couturières françaises à porter comme il convient les modes de Paris. L'usage du français y est un peu plus répandu peut-être que dans les villes du Nord, ce dont je ne saurais me plaindre, puisque cela m'a donné le plaisir de quelques visites agréables.

Les deux représentations que nous avons données à Washington, ont eu lieu devant des salles splendides. Le soir du 8, *Frou Frou*; le lendemain en matinée, *Camille*. Pourquoi a-t-on imaginé de nous faire reprendre le train immédiatement après ce dernier spectacle, afin d'aller à Baltimore, où nous sommes arrivés à temps pour jouer devant les banquettes?

Le lendemain nous arrivions à Philadelphie, et l'affiche de la première soirée portait encore *Adrienne Lecouvreur*. Cette fois la représentation marche sans entraves, ni retard. Toutefois, il est dit que la ville des quakers n'aura pas de chance avec Sarah Bernhardt, ou plutôt que Dona Sol n'aura pas de chance avec Philadelphie et le 13, chiffre fatal, Sarah est prise d'une subite indisposition pendant le premier acte de la *Princesse Georges*. On baisse le rideau, on rend l'argent. Comme il n'y avait que fort peu de monde dans la salle, cette indisposition n'aura causé au directeur qu'une très mince perte.

Une partie des artistes vont finir la soirée au

théâtre américain; nous avons la bonne fortune d'applaudir Salvini dans Othello : quel grand artiste !

En allant au théâtre dans la journée, j'avais rencontré par les rues un cortège étrange :

Trente, cinquante, cent chariots dorés, enluminés, historiés, des hérauts à cheval, couverts de costumes fripés, précèdent en caracolant et soufflant dans des cornets de cuivre.

C'est Barnum, le célèbre Barnum, qui fait dans la bonne ville de Philadelphie, sa promenade d'arrivée.

Des musiques wagnériennes déchirent les oreilles. Des groupes d'hommes, habillés en rouge comme des soldats anglais, des pitres, des porte-étendards, agitant des bannières fanées, galopent autour des chariots qui contiennent les animaux dont Barnum annonce l'exhibition dans son cirque.

La marche est fermée par une bande d'éléphants harnachés et caparaçonnés qui s'avancent au pas et semblent empruntés à quelque fête indoue.

Le peuple se rue pour contempler de près toutes ces grosses merveilles.

Le soir, presque tous les théâtres, y compris l'Opéra avec la troupe d'Émilie Ambre, font relâche. Il faut être Salvini pour oser lutter contre Barnum.

Le *Vendredi-Saint* autre jour néfaste pour le théâtre. Sarah, qui ne veut pas avoir l'air de céder à l'influence de ses ennemis les pasteurs, décide qu'on jouera. Il y a l'*Étrangère* qu'il faut bien utiliser au moins une fois. On jouera l'*Étrangère*, la recette étant sacrifiée de toute façon.

Mon vendredi-saint je l'ai passé en famille. Mon Dieu oui ! Je me suis déniché une famille de braves Français, des cordonniers, chez lesquels j'ai trouvé les soins et le confortable que je cherche vainement depuis mon arrivée en Amérique.

On les connaît bien dans les troupes de passage. Paola Marié, Aimée n'ont jamais habité à Philadelphie ailleurs que chez eux. On y trouve une cordialité parfaite et un pot-au-feu exquis.

Pas le *vendredi-saint* toutefois, il faut l'avouer. Et, ma foi, je ne m'en suis pas plainte. Si cela ne fait pas de bien, ce ne saurait faire de mal.

Grâce à mes bons amis, je trouve charmants ces quelques jours passés à Philadelphie.

C'est une compensation aux ennuis de mon premier séjour.

XIV

New-York. — L'avant-dernière. — La dernière. — Queue de
de poisson. — Adieux à l'Amérique. — A bord. — Le
Havre. — Paris.

New-York ! Au retour d'une longue pérégrination à travers les déserts, les marais, les fleuves, les bois et les grandes routes, on prend volontiers les maisons rouge brique de New-York, ses hôtels énormes, ses banques, ses théâtres pour autant de Louvres et d'Alhambras.

New-York, c'est le terme de ce voyage dont la banalité désespérante avait fini par porter sur les nerfs. New-York enfin, c'est la promesse d'être à Paris dans quelques semaines, et cette seule idée rend joyeux. Le sentiment qui domine, c'est la lassitude, la hâte d'en finir... Nous arrivons un dimanche. Dans le même train que nous était aussi

Émilie Ambre, qui vient chanter l'opéra avant de rentrer en France.

Laissant les femmes de chambre s'occuper des bagages, nous allons dîner chez Delmonico, le café Anglais de New-York, c'est à peu près l'unique restaurant de toute l'Amérique où l'on trouve une table parisienne.

Je vais ensuite au concert d'adieu donné par la troupe Mapleson. Nous sommes tout à fait rentrées dans la civilisation.

C'est d'enthousiasme que nous applaudissons Belocca toujours adorablement jolie, et Marie Roze, et notre compatriote Ravelli, un ténor à la voix fraîche et charmante. Tous les trois font depuis six mois les délices des dilettanti américains.

Je rentre à l'hôtel. Nouvelle mésaventure; pas d'appartement retenu pour moi. Pour un peu que je passerais la nuit à la belle étoile. Par le froid sibérien de la rue, cela manquerait de charme. Enfin un voyageur qui a entendu parler de mon embarras a eu l'amabilité très héroïque à l'heure avancée de la soirée, de m'abandonner son appartement.

Nous avons rouvert cette courte saison par la *Princesse Georges*, seule nouveauté que nous ayons à offrir aux New-Yorkais. Le temps manquait à

Sarah pour apprendre d'autres rôles. Du reste, la période de grande curiosité est décidément passée.

Pour galvaniser un peu l'apathie, Jarrett a l'idée d'une représentation offerte à la presse, aux artistes des théâtres, aux peintres, etc.

Aucun artiste européen d'un certain renom n'aurait garde de terminer une tournée en Amérique sans une soirée de ce genre, suivie d'une réception d'adieu.

Sarah se contente de la représentation. Nous sommes depuis longtemps dans la période des économies, et une grande réception à New-York a semblé un article trop lourd au budget.

Nous jouons donc en matinée la *Princesse Georges* devant le monde artistique de New-York, qui exprime ses remerciements par des bravos. A la fin du spectacle, un joli bouquet de roses est remis à Sarah sur la scène, de la part des artistes d'Union-Square Théâtre, où se jouent les traductions de nos comédies françaises.

Le soir, a lieu la représentation régulière, et ainsi Sarah ne perd pas une recette.

C'est par une matinée que s'est terminée notre campagne de New-York. On a joué *Frou-Frou* devant une demi-salle.

Les artistes de la troupe voulaient profiter de la

circonstance pour faire à leur camarade, Sarah, l'offrande d'un souvenir durable destiné à rappeler à Marguerite Gauthier ses triomphes dans le nouveau monde. On avait d'abord pensé à quelque bijou, un bateau allégorique à mettre sous globe. Mais la souscription n'a pas atteint la somme nécessaire et il a fallu se contenter d'un bouquet que *Petit Frou-Frou* a été chargé de remettre à Sarah, dans sa loge.

Ce sont les seules fleurs qui aient été envoyées à Sarah, à sa représentation d'adieu.

On avait parlé dans le public et même certains journaux avaient annoncé comme un fait positif, une soirée extraordinaire où l'artiste pût faire plus dignement ses adieux à la capitale de l'Amérique. Des affiches furent même posées. Mais Sarah s'est trouvée trop fatiguée, et la soirée a été contremandée. Ce qui ne nous a pas empêchés d'aller donner une suprême représentation de la *Dame aux Camélias* sur la scène d'un théâtre de banlieue, à Brooklyn, faubourg de New-York, situé de l'autre côté de l'Hudson, où nous avions joué trois jours auparavant.

C'est là, dans ce théâtre suburbain d'un faubourg de la métropole, que Sarah Bernhardt est venue clore, presque incognito sa grande tournée d'Amérique. Abbey, cette fois, a envoyé une corbeille.

Avec un bouquet de Sidney, cela a encore fait un petit effet sur cette scène de second ordre.

Telle a été la clôture banale de cette campagne si brillamment ouverte.

On la pouvait prévoir depuis longtemps. Sarah n'a pas été la dernière à reconnaître que le mot prononcé par elle à son arrivée, dans un moment de coquetterie : « Ils viendront me voir comme une bête curieuse, » s'était réalisé un peu trop à la lettre.

L'isolement prolongé où l'a laissée la société américaine, la répétition quotidienne des mêmes scènes, la nécessité d'une contrainte incessante, tout cela n'a pas peu influé sur l'attitude de la comédienne. Mais bah! elle est venue chercher de l'argent. Elle a trouvé 920,000 fr., près d'un million gagné en 166 représentations. Cette somme se décompose comme suit : 100,000 francs pour Jarrett, 200,000 de dépenses et frais de voyage, 400,000 distribués aux hommes d'affaires de Paris. Reste net 220,000 francs qu'elle rapporte avec elle en une traite sur le Crédit lyonnais.

Il n'y a pas à se plaindre et elle devait bien à l'Amérique les menus compliments qu'elle lui a adressés, par l'entremise d'un reporter venu pour lui demander ses impressions.

Sans doute, au fond du cœur, tient-elle pour des

barbares encore mal dégrossis, cette troupe de rudes millionnaires, parmi lesquels il ne s'est pas trouvé un esclave volontaire pour s'atteler à son char.

Combien de fois parmi eux n'a-t-elle pas dû regretter sa « ménagerie » de fidèles Parisiens qui ne marchandent pas plus l'engouement que le servage.

Les Américains, qui ne sont pas aussi ignorants qu'on le dit dans certains cercles, ont lu couramment entre les lignes de la pseudo-confession, que Sarah a fait imprimer à leur adresse dans le *Herald*.

Un autre journal de New-York, le *World*, organe de la « société » n'a pas cherché a faire mystère de l'impression causée par la lecture de ce document.

« Nous ne sommes pas assez simples, dit-il un peu brutalement, pour regarder comme sincères les coups d'encensoir que mademoiselle Bernhardt adresse aux Américains. Nous serions plutôt tentés de croire que tous ces compliments sont comme la flèche que les anciens Parthes excellaient, dit-on, à lancer sur l'ennemi, en battant en retraite.

» En toute sincérité, l'artiste parisienne *doit* avoir une opinion intime moins louangeuse que celle qu'elle nous a fait exprimer par son organe officiel.

Mais nous sommes aussi gens trop galants pour ne pas lui exprimer toute notre reconnaissance d'avoir si bien dissimulé son opinion désagréable à notre égard. »

Et le journal conclut ainsi très méchamment :

« Nous nous consolons, du reste, en nous disant que, si l'on avait pu avoir un doute sur le plaisir que mademoiselle Bernhardt a trouvé à sa récolte de dollars, et si l'on avait pu craindre qu'elle ne conservât pas l'espoir de revenir un jour ou l'autre parmi nous, pour faire une nouvelle cueillette, le soin qu'elle a pris de publier ses impressions sympathiques pour notre pays et les mœurs de notre peuple devrait nous rassurer complètement.

» Et, dans ce cas, nous devons à mademoiselle Bernhardt une déclaration charitable : Elle nous a causé tant de plaisir à sa première visite, qu'il est à craindre qu'elle n'ait plus que de l'ennui à nous apporter dans la seconde. »

Le 4 mai, au matin, une voiture me conduit à bord du steamer l'*Amérique*, réparé, repeint à neuf et peu reconnaissable. C'est lui qui va ramener Sarah Bernhardt et sa fortune en Europe. Le même bateau aura aussi l'honneur de transporter les camarades auxquels Sarah a demandé le service de l'accompagner jusqu'au Havre, pour jouer avec elle la *Dame aux Camélias* en représentation de bienfaisance.

Voici comment cette combinaison est éclose.

Un peu inquiète sur l'accueil que lui réservait le public à son retour, après une si longue absence, et effrayée par l'effet qu'avaient produit en France certains échos bavards venus d'Amérique, Sarah se demandait qu'imaginer pour se concilier l'opinion, quand le jeune premier reçoit tout à fait à propos, du Havre une lettre écrite par les *Sauveteurs* (1) de cette ville, le priant de demander à sa camarade Sarah si elle ne consentirait pas à jouer au bénéfice de la Société, dans les premiers jours du retour. C'était l'occasion cherchée.

Sarah ne se fit pas prier, elle accepta. Un bon télégramme de New-York fut chargé d'annoncer à la fois aux Havrais et aux lecteurs parisiens que mademoiselle Sarah Bernhardt, à son arrivée au Havre, jouerait la *Dame aux Camélias* au bénéfice des *Sauveteurs*.

« Doublez le prix des places disait la dépêche. Rien pour moi. Tout pour les sauveteurs ! »

On juge de la reconnaissance des Havrais.

---

(1) Singulière coïncidence. Un écrivain humoristique de New-York avait entrevu, à sept mois de distance, cette soirée pour les Sauveteurs, voir chapitre II « Journal de Sarah. »

Spécimen d'une caricature, réclame américaine.

Par suite d'une amusante confusion, les habitants du Havre ont toujours considéré Sarah comme leur compatriote.

Le chalet qu'elle a fait construire à Sainte-Adresse, son long séjour dans leur ville, n'ont pas peu contribué à encourager cette croyance.

Les Havrais ignorent sans doute qu'il s'est rencontré en Amérique une demi-douzaine de Bernhardt pour revendiquer la parenté de Sarah. Certain original de Philadelphie a même publié, pendant notre séjour en cette ville, une déclaration très curieuse, révélant que Sarah, la sociétaire du Théâtre-Français, n'était autre qu'une Philadelphienne de sa famille qu'il avait reconnue à des signes qu'il était prêt à faire connaître.

Cela n'est-il pas amusant après les revendications des Bernhardt d'Amsterdam qui, à la suite de la tournée de Sarah en Hollande, s'obstinaient, eux aussi, à voir dans Dona Sol une compatriote ?

Je ne dis rien des Parisiens qui ont de bonnes raisons, de leur côté, pour affirmer que Sarah a vu le jour quelque part entre le Moulin de la Galette et l'Observatoire.

Sarah s'est bien gardée de se prononcer jamais sur une aussi importante question, bénéficiant ainsi en voyage de l'ombre mystérieuse jetée sur sa naissance, et laissant quatre villes se disputer l'honneur de lui avoir servi de berceau, à l'instar du divin Homère.

Cette petite digression pour souligner la joie des Havrais en apprenant l'acte de générosité de leur illustre compatriote, et pour expliquer la présence des camarades au départ de l'*Amérique*.

Pour être bien sûre que pas un ne manquera à l'appel, et, comme compensation à la soirée gratuite qu'elle leur demande, Sarah offre aux artistes leur passage de retour, sauf au jeune premier, à Jeanne et à moi dont le voyage est payé par Abbey.

Le départ est indiqué pour dix heures. A neuf heures et demie Sarah descend de voiture avec son agent Jarrett, cherche un moment des yeux si le commandant du steamer n'est pas là pour la recevoir, et, ne le voyant pas, se décide à prendre le bras du jeune premier qui se trouvait là attendant par hasard, au bas de l'échelle.

Quant à Abbey, il a tiré maintenant de son étoile tout ce qu'il en attendait. Il trouve superflu de répéter au départ la mise en scène d'arrivée et de reconduire au bateau, l'artiste qu'il était venu y chercher en si grande pompe, sept mois auparavant.

Sans doute ont-ils pensé de même, les visiteurs des premiers jours à Albemarle, car ils n'ont pas trouvé un instant pour venir saluer au départ leur illustre amie. Les hommes sont également ingrats, des deux côtés de l'Océan,

Les Français eux-mêmes sont en petit nombre. La plupart d'entre eux ont tenu à exprimer, par leur abstention, l'impression désagréable qu'ils ont éprouvée du refus fait par la direction, d'une représentation au bénéfice des pauvres.

C'est une coutume depuis longtemps établie parmi les artistes français qui font des tournées aux Etats-Unis, que la recette d'une de leurs dernières représentations à New-York soit versée dans la caisse de la Société de bienfaisance française de cette ville. Aimée, Capoul, Patti, etc., n'y ont jamais manqué.

Quelques jours avant son départ de New-York, Sarah reçut la visite d'une députation de Français de la ville venant lui demander l'obole de l'artiste.

Comment la chose se fit-elle ? Je l'ignore. Mais la direction refusa.

Il me souvient que pendant la tournée, lorsque Sarah était désireuse de rentrer seule en scène à un rappel, elle avait un mot tout à fait charmant d'inattendu et d'ingénuité.

Elle se retournait vers celle que le public comprenait dans le rappel avec elle, et lui disait avec une conviction comique :

« — Laissez-moi rentrer seule, Jarrett m'a fait promettre de ne revenir avec personne. J'ai promis à Jarrett. »

Ce « j'ai promis à Jarrett » sorte de tarte à la crème répondant à tout, avait fini par devenir légendaire parmi nous.

Lorsque les braves gens du comité français s'adressèrent à Dona Sol, pour lui demander la représentation au bénéfice de la Société de bienfaisance, ils reçurent en pleine poitrine cette réponse.

« — Abbey ne veut pas. Abbey m'a fait promettre de ne pas accorder cette soirée. »

Et voilà pourquoi les Français de New-York se sont abstenus.

Le pont du bateau est encombré par les parents, les amis des voyageurs qui vont faire route avec nous. Le salon des premières est transformé en véritable serre, tellement nombreux sont les bouquets, paniers et corbeilles de fleurs envoyés aux dames, selon la coutume américaine.

Parmi les souvenirs d'amitié, je distingue deux merveilles de l'art du fleuriste, adressées à une belle-petite new-yorkaise.

Ce sont de ravissants petits vaisseaux allégoriques faits de fleurs habilement arrangées. Les cordages sont des brins d'herbe et de mousse; la coque est garnie de roses et d'œillets. Des lis passent leurs calices à travers les embrasures et représentent l'artillerie. Le pont du commandant est capitonné de violettes, les ancres sont des pensées, la cargaison des fraises, des framboises odorantes.

Rien de plus coquet.

Il ne sera pas dit que parmi tant de voyageuses Sarah sera la seule délaissée, et deux jolis bouquets, — l'un de l'impresario, — sont là à son adresse.

Enfin, l'heure du départ a sonné. Tous ceux que n'emmène pas l'*Amérique*, descendent précipitamment à terre, les reporters passent les derniers.

Le steamer s'ébranle. Il est parti.

Nous voici loin du quai, dans le fleuve.

Quelques personnes, sur la petite jetée de bois, agitent leurs mouchoirs à l'adresse de leurs amis.

Involontairement ma pensée se reporte au jour de notre débarquement. C'est la même grande artiste, le même soleil, le même temps superbe. Mais l'attrait de l'inconnu, de la curiosité ne sont plus là pour attirer la foule. L'habile mise en scène d'un *manager* entendu manque cette fois.

Il y a une sorte d'ironie railleuse dans cette répétition des mêmes scènes, dans des conditions presque identiques, avec des résultats si différents. J'en suis un peu humiliée pour l'art dramatique français et pour la grande comédienne, victimes de cette ingratitude des Yankees.

Boum! Boum! deux coups de canon.

Nous sommes sortis de la baie magnifique et nous avons gagné la mer.

Les passagers sont au grand complet. C'est l'époque de l'exode américain vers l'Europe, et il n'y a pas une cabine de libre ; à mon grand regret, car je me suis engagée à trouver une place pour une passagère inattendue qui a été confiée à mes soins, au moment du départ. C'est la vieille mère d'Emilie Ambre qui retourne en Europe à la suite du désastre de l'entreprise lyrique de sa fille aux États-Unis.

J'ai dit le succès d'Ambre à la Nouvelle-Orléans où elle s'était fait aimer comme femme et comme artiste.

Par malheur le climat a été exceptionnellement mauvais. A la suite de diverses tournées entreprises avec l'espoir de couvrir les pertes, Ambre et sa troupe, composée de 172 personnes, vint s'échouer à New-York, incapable de continuer des représentations pour lesquelles les artistes non payés refusaient leur concours.

Ambre avait englouti plus de 300,000 francs dans cette entreprise désastreuse ; elle dut songer à revenir en France juste dans le moment où Sarah

Bernardt, avec ses 18 personnes, finissait une tournée qui lui rapportait près d'un million.

Comptant partir avec nous, elle avait déjà fait tranporter ses malles à bord. Au dernier moment, pas une cabine de libre. A grand'peine trouve-t-on une place aux troisièmes pour madame Ambre mère, à qui sa fille veut épargner les complications d'une déconfiture théâtrale.

Je ne puis même pas faire profiter la bonne vieille de la cabine que mon engagement réserve à ma femme de chambre, et j'en suis réduite à l'adresser au médecin du bord qui lui procure un lit séparé à l'infirmerie.

Nous sommes encore en vue de la côte d'Amérique.

A l'horizon, en face de nous, on voit un panache de fumée noire, indiquant un steamer qui grossit peu à peu et marche vers nous. On peut lire bientôt son nom, *France*, en lettres rouges au haut du mât. Il arrive du Havre et appartient à la même Compagnie que le nôtre. On échange le salut des mâts.

Tiens, voilà les deux navires qui s'arrêtent.

Une barque se détache de la *France*. Deux marins et un inconnu.

L'*Amérique* abaisse son échelle. Un des marins monte à bord avec l'inconnu qu'il remet entre les mains d'un officier avec une lettre et redescend dans la barque, puis il fait force de rames vers la *France*. Les deux navires continuent leur route dans des directions opposées.

Quel est donc ce mystérieux voyageur que nous allons ramener en France ?

Les avis sont partagés. Quelques-uns opinent pour un nihiliste, un conspirateur politique. D'autres disent qu'il a coupé sa femme en morceaux.

J'ai pris le parti d'aller demander moi-même au commandant Santelli.

Notre nouvelle recrue est un pauvre diable, qui a tout simplement essayé de passer du Havre à New-York sans payer le prix du passage. Il touchait au port quand nous sommes passés juste à temps pour détruire toutes ses espérances, en vue de cette Amérique où il allait chercher fortune.

Je cours raconter la chose à Sarah qui prie Jehan Sondan d'aller causer avec le rapatrié malgré lui, et de lui remettre le prix de son passage en Amérique. La veine ordinaire de Dona Sol veut que l'homme soit jeune et intéressant, presque un confrère, un artiste graveur.

Une petite collecte faite parmi nous servira de base à sa fortune dans le nouveau monde.

Nous allons nous coucher sur cette bonne action

qui, rapportée par les journaux, ne peut pas nuire à Dona Sol. C'est une charité placée à gros intérêts.

L'*Amérique* commence la danse. Roulis et tangage semblent s'être donné le mot pour opérer ensemble. Parfois on entend du côté de la salle à manger des bruits de verrerie et de porcelaines cassées. La batterie de cuisine fait le vacarme d'une batterie de canons.

Sarah recommence à s'enfermer et tout le monde l'imite. La compagnie a, du reste, répété la même galanterie du premier voyage à l'adresse de Dona Sol. Et en se réveillant dans la cabine tapissée qui lui sert de chambre, Sarah peut se croire transportée sept mois en arrière, à l'époque où elle fuyait le Havre et n'avait pas encore monnayé ses rêves d'or...

Mais on peut avoir un chèque de 220 mille francs dans sa sacoche et une tempête dans son estomac. Le mal de mer ne connaît ni grands artistes ni millionnaires. Sarah s'en est aperçue...

Aussi reste-t-elle confinée chez elle, occupée à se soigner. Le troisième jour elle n'y tient plus.

A six heures du matin, je suis réveillée en sursaut par des cris qui partent du couloir des cabines. Je prête l'oreille et reconnais la voix d'or appelant :

« — Angelo ! Angelo ! Je sens que je deviens enragée ! Je veux aller sur le pont. »

Docile, le jeune premier conduit sa grande camarade à l'air.

Ce ne fut pas chose facile. Le navire dansait horriblement. Sarah se cramponnait aux angles des boiseries, pendue au bras de son cavalier, qui n'était pas sans émotion de ses propres angoisses, et dont le visage blême rappelait plus encore que de coutume celui du héros du *Voyage en Chine*.

Enfin après bien des efforts, bien des stations, le couple malade parvient à gagner un banc sur le pont. Il arrivait du ciel et de la terre des torrents d'eau fraîche ou salée. Mais Sarah voulait de l'air. Elle en prit un bain.

Quant à moi je traite cette fois la mal de mer par le champagne et le mépris, mon ami H. Bouché de Mareuil-sur-Aÿ, ayant eu l'obligeante et heureuse idée de me faire envoyer de sa maison de New-York, une caisse de son *Maximum*.

Je ne sais si c'est grâce à cette tisane bienfaisante, mais je suis en état de tenir tête à plusieurs qui s'étaient fait à terre une réputation de marins. Et tous ceux qui m'ont aidée en ont pris un air de santé insolent qui m'engage à recommander la panacée à mes camarades du voyage d'outremer.

Couverture d'un livret de prix courant américain.

Notre troupe est en désarroi. Plus d'une camarade menace de rendre l'âme à Neptune. Et l'un des grands troisièmes rôles a déjà supplié ses amis de conserver son corps dans la glace, après sa mort.

Les passagers, des Américains de New-York ou de Chicago et une famille française de Cuba ne sont pas plus aguerris que nous. Sur 77 qui doivent s'asseoir à la table; une douzaine seulement est restée fidèle à la cuisine du bord. Parmi ceux-là, Jarrett, est-il nécessaire de le dire?

Coutumier de ces traversées, il reste solide comme un boxeur de Londres, fait ses quatre repas par jour, et bêche charitablement les navires français, bateau et équipage, chantant un poème en prose à l'honneur de la vieille Angleterre.

La mer se calme. Le soleil reparaît, et, avec lui, la colonie féminine se montre à nouveau.

Etendue sur une chaise longue, Sarah s'est composé une toilette de mal de mer : longue robe soie et satin blanc, mantille dentelle, visage poudré à la malade, yeux alanguis, une réminiscence du cinquième acte de la *Dame aux Camélias*.

Elle tient sa cour à l'arrière du navire, et philosophe familièrement au soleil en suivant de l'œil le vol des mouettes. Elle parle de tout un peu et beaucoup d'elle. Je me rappelle ce lambeau de dissertation cicéronienne sur l'amitié :

— A quoi bon avoir des amis, s'il faut leur faire autant de concessions qu'à ses ennemis, si l'on ne peut leur jouer de mauvais tours et mettre leur dévouement à contribution ? C'est pour tout cela qu'on les a. Si les amis se plaignent de vous, ils ne sont pas vos amis...

Moi, je donne plus à mes amis qu'ils ne me donnent... Je suis pour eux comme le soleil : je les éclaire de mes rayons.

— Oui... mais le soleil dessèche ! a répondu quelqu'un que je sais.

On a signalé la terre. Nous sommes le 15 au matin. Cette côte aride, rocheuse, qui est devant nous, c'est l'Angleterre représentée par les Sorlingues. Une petite embarcation nous aborde. C'est le pilote, parti du Havre depuis trois jours à notre rencontre. Le temps est superbe. Tout le monde est bien portant. Les tables sont garnies à l'heure des repas. Sur le pont, on joue pour passer le temps. Les hommes fument, taillent des *bacs*. Les femmes flirtent, et il y a une petite chronique indiscrète qui parle de formes voilées, errant le soir, parmi les cordages, au clair de lune, sous le ciel étoilé. Tout cela scandalise fort une New-Yorkaise, honnête mère de famille, voyageant avec ses deux enfants, son mari et l'autre. Ma meilleure amie l'a surnommée la « Concurrence déloyale ».

Nous nous sommes arrêtés le temps d'envoyer une dépêche à Paris par le sémaphore. Demain tous nos amis sauront notre retour.

Maintenant nous reprenons la haute mer. La côte anglaise disparaît à l'horizon. La dernière nuit est venue, magnifique, sur une mer unie comme un lac. Personne ne dort. L'émotion du retour a pris tous les passagers, on fait ses préparatifs de descente, on échange des souhaits et des promesses avec les nouvelles connaissances du bord.

L'aube revient. Nous sommes en face de Cherbourg.

A sept heures du matin, nous découvrons la pointe de la Hève qui domine le Havre. Dans la brume du matin le village de Sainte-Adresse apparaît comme un nid sous le feuillage. Sarah, dans sa cabine, fait sa toilette d'entrée. A mesure que nous approchons, Dona Sol montre à tout le monde une bienveillance empressée qui trahit une préoccupation où l'on sent l'incertitude de la réception qui l'attend.

8 h. 1|4. — Un petit vapeur, le *Diamant*, nous accoste en rade. Ce sont les parents, les amis de Sarah : Busnach, Clairin. La passerelle est jetée :

Sarah se précipite dans les bras de son fils et pleure.

— Comme tu es grand ! dit-elle.

Et Maurice rougissant comme un fille.

— Ce n'est pas ma faute, maman.

Le *Diamant* s'enfuit avec les dépêches vers le port que nous n'atteindrons qu'à la marée.

Nous entrons dans la jetée, noire de curieux. Dix, quinze mille personnes sont là, agitant les mouchoirs et poussant des hurrahs ! On entend distinctement le cri : *Vive Sarah Bernhardt !*

Dona Sol, appuyée contre le bastingage, salue, envoie des baisers. Sous les rayons du soleil de France, c'est vraiment un beau spectacle.

Tout à coup Clairin qui a disparu un moment, revient un drapeau tricolore à la main (1). Sarah s'en saisit, l'agite vers la foule.

Si grande a été la hâte avec laquelle le peintre s'est procuré cet *accessoire* de la mise en scène, qu'il ne s'est pas aperçu que son drapeau français était un drapeau... hollandais.

A ça près, personne n'y trouve à redire. Sarah

(1) Dans le compte rendu fantaisiste du voyage du Havre à New-York, publié en Amérique le jour de notre arrivée et dont j'ai donné un extrait, on peut voir que les Américains ont pressenti ce détail de mise en scène.

n'est-elle pas d'Amsterdam? Avantage d'une naissance cosmopolite.

A partir de ce moment, c'est une entrée triomphale. Dans l'avant-port, sur notre passage, les barques sont pavoisées, les équipes saluent.

L'habile et aimable commandant Santelli dirige l'*Amérique* de façon à prolonger l'enthousiasme, sans le lasser. Jamais plus belle entrée. Nous passons le pont du bassin de l'Eure. La tente de la Compagnie transatlantique est ornée de velours rouge comme pour une réception princière.

Une fanfare entame l'air du Chalet « *Arrêtons-nous ici.* » C'est de l'à-propos. Les bravos, les cris redoublent, nous sommes tous près du quai. On peut distinguer les Parisiens venus pour souhaiter la bienvenue à Sarah : Lapommeraye, Blavet. Tout à coup mon cœur bat plus vite, je me penche, je regarde et je dis à Sarah :

— Mais voici ma mère et ma sœur!

Alors les sanglots me montent du cœur à la gorge.

Hélas! fausse joie! le bateau se rapproche et je distingue mademoiselle Louise Abbema, un confrère de Sarah avec sa mère.

Sarah qui a compris mon erreur, se jette dans mes bras en disant : « Je t'aime bien, ma pauvre chérie. »

C'est avec des élans du cœur comme ceux-là,

que Doña Sol saura toujours se faire pardonner des excentricités les plus étranges.....

L'escalier est hissé à bord.

Sarah Bernhardt, au bras du commandant Santelli, attend au haut de la passerelle. Le flot des amis impatients monte à l'abordage et prend Sarah d'assaut.

Avec les Parisiens et les parents entrent les sauveteurs, organisateurs de l'ovation. Puis pêle-mêle, le colonel, le lieutenant-colonel du 119° de ligne et plusieurs notables.

On serre les mains, on embrasse, deci delà. Puis tout le monde se précipite vers le salon des premières, en un clin d'œil garni de bouquets. Le président de la Société des sauveteurs, M. Grosos, prend le plus gros qu'il présente à l'artiste avec un chaud et délicat compliment, débité d'un ton à la fois crâne et ému.

« Nous venons aussi vous féliciter du succès immense que vous avez obtenu partout où vous avez passé pendant votre hardi voyage. Vous avez conquis maintenant dans les deux mondes une popularité, une célébrité artistique incontestable, et votre merveilleux talent joint aux charmes de votre personne ont affirmé à l'étranger que la France est toujours le pays de l'art et le berceau de l'élégance et de la beauté.

» Nos sauveteurs veulent vous offrir ces fleurs cueillies sur le sol de la patrie, sur la terre de France; vous en trouverez partout sous vos pas; elles méritent que vous les acceptiez avec faveur, car elles vous sont présentées par les plus braves et les plus loyaux de nos sauveteurs. »

Une embrassade générale s'ensuivit. Enfin, débarquement. Sarah monte en voiture avec son fils et son orateur : « Cocher, à Sainte-Adresse ! »

En France ! Il n'y a pas à dire, j'y suis. C'est à n'y pas croire.

Des drapeaux, des fleurs, une vraie foule, de vrais arbres verts, dans de vraies campagnes, du vrai printemps ! De bonnes vieilles maisons avec de bonnes rues bien propres ! Des gens polis et qui n'ont pas peur de rire ! Des cochers qui n'ont pas l'air de banquiers, des hommes du monde qui ne ressemblent pas à des cochers ! Des pioupious ! Des bonnes d'enfant ! Oh ! Je m'y reconnais, je suis chez nous ! Le cauchemar est fini... Quel bonheur ! J'ai envie d'embrasser les passants.

Sept mois d'Amérique !

Après tout, cela a du bon de courir le monde... quand on revient.

Le soir, grand dîner de famille et d'intimes chez

Sarah, à Sainte-Adresse, dans son merveilleux atelier transformé en salle à manger, qui a été fini juste à temps pour recevoir Dona Sol.

Tous les amis : Clairin, Lapommeraye, Busnach, Louise Abbema, Jehan Soudan.

Jeanne Bernhardt a repris le train de Paris.

Après le dîner, feu d'artifice tiré dans le jardin. C'est Maurice Bernhardt qui est grand artificier. On doit apercevoir les fusées de la rade.

Après le dernier pétard, on prend congé à l'anglaise et l'on descend au Havre. Il faut se reposer pour la *Dame aux Camélias*.....

Le lundi 17, au matin, je suis réveillée en sursaut par ma femme de chambre.

La maladroite ! Je rêvais, que j'étais chez moi à Paris, me reposant de toutes mes fatigues à six mille lieues de l'Amérique et même du Havre.

— Je demande pardon à madame de la réveiller; mais il faut que madame sache que l'on ne veut pas me donner les malles de madame.

Je me frottai les yeux et lui fis répéter sa phrase.

La veille, jour de notre arrivée, était un dimanche, j'avais remis au lendemain de faire prendre les malles à la douane, me contentant de ma malle d'hôtel, contenant bijoux et objets de valeur dont je ne me séparais pas en voyage.

Spécimen de caricature, réclame américaine.

— Expliquez-vous ! Que voulez-vous dire ?

— J'ai été pour réclamer les malles. On a refusé de me les donner à la Compagnie. L'employé a dit qu'il avait des ordres.

Je sautai dans une voiture et en un quart d'heure j'étais au quai.

Je demande l'employé aux bagages, et je me nomme en réclamant mes malles.

— Il m'est impossible de les laisser partir, madame, me dit-il. Il est venu samedi un huissier qui a demandé si les bagages de la troupe Sarah Bernhardt étaient arrivés et qui a fait une opposition entre les mains de la Compagnie...

— Pauvre Sarah ! dis-je en moi-même. Et tout haut :

— Mais ces malles ne sont pas au nom de madame Sarah Bernhardt, elles sont au nom de madame Colombier.

— C'est justement le nom qui est porté dans l'opposition.

— Ah !....

Je ne m'attendais pas à celle-là.

Toute à la joie de retrouver la France, j'avais oublié qu'on y peut rencontrer des huissiers, gens très montés contre les artistes en général, et contre les comédiennes en particulier.

Le succès de Sarah, quelques notes dans les

courriers de théâtre, avaient fait un tableau si beau de nos triomphes chez les Yankees, on avait tant parlé de nos dollars que l'on s'était figuré nous voir revenir à Paris avec une tranche des *placers* californiens.

Je courus chez l'agent de la Compagnie, qui me mit sous les yeux un petit cahier de papier au timbre de la République, chargé d'une vilaine écriture et commençant par ces mots :

« En vertu d'un jugement rendu... »

J'étais saisie.

Un souvenir me traversa l'esprit :

— Et la représentation ? Mes costumes ? La *Dame aux Camélias* ?

Je regagnai ma voiture et repris ma course...

Visite à un avoué : « Rien à faire, madame. Il faut du temps. — Mais je joue ce soir, il faut les costumes. — On ne les donnera pas. Le président seul... — Le président ? Son adresse, j'y cours. »

Nouvelles courses. Le soir, à trois heures et demie, j'avais l'autorisation de me servir pour la soirée seulement des costumes nécessaires, à la condition de les replacer aussitôt la représentation, ce qui fut fait.

Circonstance aggravante, les malles d'Ambre, qu'elle m'avait confiées ! Au moment de l'inventaire auquel assista ma femme de chambre, je voulus protester, expliquer. Ah ! bien oui, les huissiers ne voulurent rien entendre, et je fus reconnue la propriétaire du costume de sauvagesse d'*Aïda* et de celui de *l'Africaine*.

Afrique ou Amérique les officiers ministériels n'y regardent pas de si près.

- On vient de la jouer, cette *Dame aux Camélias* dont les correspondances d'Amérique ont rebattu les oreilles des Parisiens depuis sept mois.

Quelle magnifique soirée !

Les critiques venus de Paris, les *reporters* des journaux, une salle pleine jusqu'aux cintres, des bouquets superbes envoyés de chez Lachaume et Labrousse, les bravos et les rappels. Voilà le bilan. Ajoutez à cela une poésie de circonstance. Jamais les coulisses du Havre n'avaient été à pareille fête. Quel contraste avec l'Amérique !...

Le chef d'enthousiasme était M. Halanzier. L'ex-directeur de l'Opéra m'avait envoyé un télégramme de bienvenue, me priant de lui avoir une place à n'importe quel prix.

Il n'y en avait plus, mais pour Halanzier on a fait une victime... que dis-je, deux victimes. On m'a apporté un fauteuil d'orchestre, et M. Grosos, le président, lui a offert une place dans sa loge...

Sarah a été superbe.

Dans le laisser-aller de notre voyage, elle avait pris des habitudes qui me faisaient trembler pour cette représentation de rentrée. Sarah, à qui j'ai fait part de mes craintes sur le bateau, a compris la nécessité de se surveiller, de serrer son jeu, devant un public d'élite qui pouvait être disposé à la sévérité et peut-être connaissait le mot de l'auteur : « Je ne vois pas Sarah Bernhardt dans ce rôle-là. »

Au cinquième acte dont je ne suis pas, j'ai suivi les dernières scènes de la coulisse, et j'ai pleuré comme une Madeleine.

Je vous plains, monsieur Dumas, « de ne pas l'avoir vue dans ce rôle-là ».

A la fin de la représentation, le président des Sauveteurs a remis à Sarah le brevet et la médaille de sauvetage,

Sarah a attaché la médaille sur son cœur, et s'est écriée :

— *Oh! je sauverai quelqu'un, je vous le promets!* Par exemple, je ne sais pas nager; mais c'est égal : j'apprendrai.

Elle en est bien capable !

Une si belle soirée s'est close par un souper offert à la troupe au nom des « Sauveteurs ».

On a bu, ri, causé, toasté, *speeché* et raconté des histoires jusqu'au matin !

Gare Saint-Lazare !...

C'est Paris pour de bon, cette fois !

A la sortie, des amis m'attendent.

L'un d'eux, qui est un intime de la diva, me tend un paquet de journaux qui commentent ma mésaventure du Havre.

— Tu as donc eu des malheurs. Eh bien ! et tes appointements ?

— Mais, je n'ai touché que la moitié de la somme promise au départ. Sarah a eu beau *tâcher*, elle n'a pas pu obtenir le reste... De sorte que j'ai joué la comédie pendant sept mois, pour le compte des hôteliers et gargotiers d'Amérique.

— Je t'admire, en vérité... Voyons, chère amie. Comment, connaissant Sarah comme nous la connaissons tous deux, comment as-tu pu dépasser Asnières, sans un engagement signé et parafé. C'est bien fait. Tu n'as que ce que tu mérites. Tu n'es qu'une grosse bête ! !...

FIN

TABLE DES CHAPITRES

Préface. 1

CHAPITRE PREMIER
Paris, le Havre et New-York. — Je pars et j'arrive. — Le mal de mer. — Découverte de l'Amérique. 11

CHAPITRE II
Albemarle hotel. — Le journal de Sarah. — Scène de douane. — Ce que coûte la célébrité. — Une étoile américaine 32

CHAPITRE III
La réclame des journaux. — Photographie gratuite et obligatoire. — Le puritanisme. — Mon salon. — Répétitions. — Une première à New-York. — Sarah sifflée. 50

CHAPITRE IV
Managers, Agents et Contrats. — Une heure chez *Edison*. 96

CHAPITRE V
Curiosités puritaines. — La défense de Sarah. — « La Dame aux Camélias ». — « Le Passant ». — Adieu à New-York. — En route pour Boston. 113

CHAPITRE VI
Voyage à Boston. — Globe-Théâtre. — La baleine. — Réception à l'hôtel. — Caricatures. — Révérends et reporters. — Harvard-College. 128

CHAPITRE VII
De Boston à Montréal. — Les livrets. — En Canada. — Legouvé excommunié. — « Adrienne Lecouvreur » à Montréal. — Chez les Iroquois. — Le Réveillon. — Adieu aux Français. 165

CHAPITRE VIII

En chemin de fer. — Baltimore. — Philadelphie. — Mon Odyssée. — Une heure trop tard. — La colère de Sarah. 179

CHAPITRE IX

A Chicago. — La chambre des mariés. — Les ombres chinoises. — Sarah tombe pour la première fois . . . 198

CHAPITRE X

Saint-Louis. — Cincinnati. — Le Mississipi à pied sec. — Feu de forêts. — Sarah tombe pour la seconde fois. 212

CHAPITRE XI

La ville du Croissant. — Cinq minutes plus tard. — Venise en Amérique. — Déceptions. — Les créoles. — Ali Gaga. — Mobile. — Sarah tombe pour la troisième fois. . . . 233

CHAPITRE XII

Tribulations et misères. — Règlement de compte. — Un souper dans les neiges. — Utilité des détectives. — A toute vapeur. 250

CHAPITRE XIII

Les chutes du Niagara-Chamounix. — Petit *Frou-Frou*. — Le baiser de paix. — Les *Rapides*. — L'eau qui brûle. — Les mystères de l'annonce. — Ministère d'huissier. — Poisson d'avril 265

CHAPITRE XIV

New-York. — L'avant-dernière. — La dernière. — Queue de poisson. — Adieux à l'Amérique. — A bord. — Le Havre. — Paris 287

FIN DE LA TABLE

F. Aureau. — Imprimerie de Lagny.

www.ingramcontent.com/pod-product-compliance
Lightning Source LLC
Chambersburg PA
CBHW060654170426
43199CB00012B/1786